코딩 입문자를 위한

문제해결 기반
파이썬 4.0

주재흠 · 원성현 · 오수환 공저

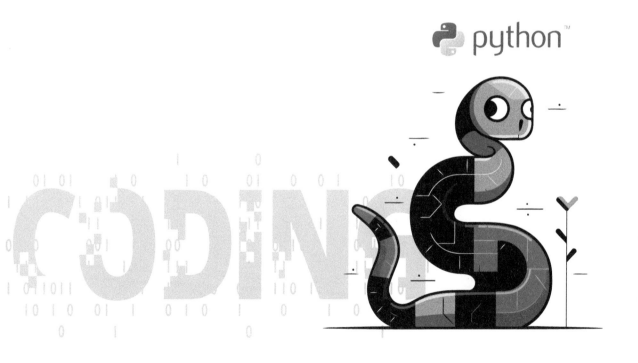

21세기사

대학에 근무하면서 강단에 서서 강의를 한지 30여년의 세월이 흘렀습니다. 돌아보면 짧지 않은 기간이었고 다른 학문 영역과는 다르게 이 기간 동안 다수의 교과목을 강의하였습니다.

IT 분야의 특성상 시대의 변화에 따라 새로운 응용 분야의 출현과 이를 효율적으로 구현하기 위한 목적으로 새로운 개발 이론들이 도입되고, 이에 따라 많은 교과목들이 새로 생겨나고 기존 교과목들 중에 많은 교과목이 사라지는 등 교육 현장에서도 다수의 교과목 변화가 있었던 것이 사실입니다. 특히 프로그래밍 분야의 각종 개발 툴의 경우에는 더욱 큰 변화가 있었다고 할 수 있습니다.

구현 과정에서의 편리함과 강력한 기능의 두 가지 측면에서 지속적으로 개선을 거듭하면서 발전되어 왔고 이에 따라 새로운 툴들이 다수 발표되고 사용되어 왔습니다.

이러한 변화를 직간접적으로 경험하면서 느낀 것이 있습니다. 프로그래밍 분야의 진출을 목적으로 학습을 시작하는 비기너 학습자의 경우 많은 변화가 이루어지고 있는 개발 툴들을 일일이 따라가면서 학습해 나간다는 것은 너무도 어려운 일이고 큰 의미도 없다는 것입니다. 왜냐하면 개발 툴들은 자주 변화할 가능성이 있고 새로운 툴들이 지속적으로 쏟아져 나오고 있기 때문입니다.

또한 이러한 개발 툴들은 전혀 새로운 내용만으로 새롭게 구성된 것이 아니라 그 활용의 기본 기능은 대다수 개발 툴들이 거의 동일합니다. 개발툴마다 사용법들이 조금씩 다를 수 있지만 문제해결을 위한 기본 기능은 모두 동일하다는 것입니다. 그것이 바로 문제해결을 위한 알고리즘이라는 것입니다.

따라서 프로그래밍 공부를 시작하는 학습자 입장에서는 필요한 기능을 가진 명령어들을 적절한 순서로 나열하여 주어진 문제를 어떻게 효율적으로 해결해 나갈까 하는 데에 대해 그 방법을 찾는 역량을 키워나가는 것이 필요합니다. 즉 알고리즘을 이해하고 문제해결을 위해 활용할 수 있는 능력을 배양할 필요가 있다는 것입니다.

저자는 IT 분야의 비기너 학습자에게 프로그래밍 즉 코딩 학습을 매우 강조하고 있습니다. IT 분야의 영역은 너무도 광범위하긴 하지만 기본 코딩 기법을 마스터 한다면 사회 진출 시 선택할 수 있는 분야의 선택 폭이 너무나 넓어지고 그 중 많은 분야가 향후 발전성이 높은 미래 직종이라 할만한 영역들이기 때문입니다.

즉 기본 코딩 능력은 모든 개발 툴들을 다루는 데 있어 기본이 되고 또한 새로운 개발 툴들을 학습하고 활용하는 데 있어서도 큰 어려움 없이 쉽게 접근이 되게 한다는 사실입니다. 현재 코딩 학습은 대학뿐만 아니라 초,중,고교에서도 이미 교육이 시작되었습니다. 그리고 대학에서도 비전공 학생을 대상으로 교양 필수 교과목으로 지정하여 교육을 진행하고 있는 대학이 다수입니다.

코딩 학습은 단순히 전공자에게만 필요한 학습이 아니라 비전공자에게도 필요하다는 의미입니다.

코딩은 IT분야의 문제해결에만 활용되는 것이 아니라 다양한 학문에서도 활용될 수 있다는 것입니다.

더 나아가서 코딩 기법을 직접적으로 활용하지 않더라고 코딩 학습 그 자체만으로 기초학습으로서의 의미가 있다는 것입니다. 왜냐하면 이러한 학습은 모든 학문 분야에서 필요로하는 논리적 사고력을 키우는 대표적인 학습 방법이기 때문입니다.

본 교재는 프로그래밍 비기너 학습자를 위해 기존 프로그래밍 교재와는 사뭇 다른 방법으로 구성을 하였습니다. 기존 교재들은 대부분 프로그래밍 이론을 설명하고 이 이론들을 이해하고 활용하기 위한 예제들을 다루는 방식으로 구성하는 형태가 일반적이라 할 수 있습니다.

본 저자가 이와 같은 구성 방식의 교재로 오랜 기간 강의를 해본 결과 학생들이 지겨워하는 경향이 있었고 더욱 안타까운 것은 무엇 때문에 코딩 학습을 하는지를 잘 모르는 상태에서 학습을 진행해 나가다 보니 효율적인 학습에 필수 요건인 학습 동기부여가 잘되지 않는다는 것입니다.

따라서 본 교재는 처음부터 해결해야 될 문제를 먼저 제시하고, 이 문제를 해결하기 위해서는 어떤 이론을 적용해야 되고 어떤 명령어를 활용해야 하는지를 학습하여 최종적으로 문제를 해결해 나가는 방식으로 구성하여 학습자 스스로 지금 무엇을 하고 있는지를 인식하면서 학습해 나갈 수 있도록 하였습니다.

본 교재의 특징을 정리하면 다음과 같습니다.

■ 교재의 초반 내용들은 학습을 처음 시작하는 부분이라 쉬운 내용도 자세히 설명을 하였습니다. 따라서 문제 해결을 위한 설명 부분에 중복되는 부분이 다수 있을 수 있습니다. 설명에 중복이 많다고 느낀다면 이해를 잘하고 있다는 증거입니다.
이 경우 이해하는 데 어려움이 없다면 이 부분에서는 적용 포인트만 보고 이해가 되면 바로 다음 문제로 넘어가도 전체 학습에 전혀 문제가 되지 않습니다.
다만 그 이후의 과정에서 이해가 안 되는 부분이 있다면 다시 돌아와서 모두 읽어보고 다시 이해하기 위한 노력을 기울여야 합니다. 즉, 매번 이해가 되지 않는 부분이 조금이라도 있다면 의심을 해보고 다시 앞장으로 넘어가는 용기가 필요합니다.

■ 프로그래밍에서 사용되는 논리를 정확히 이해하고 넘어가자는 의미에서 이러한 논리를 중복적으로 설명하는 경우도 일부 있을 수 있습니다.
이러한 논리가 정확히 이해가 된 경우에는 넘어가면 되지만 이해 여부가 모호한 경우에는 반복적으로 읽어보고 본인 스스로가 이해되도록 노력할 필요가 있습니다.

■ 본 교재의 구성에서 코딩을 활용하기 위해 제공되고 있는 세세한 활용 기법들은 다수 생략하였습니다.
파이썬은 편리한 기능들이 너무 많이 제공되고 있고 이것은 개발자에게는 유익할 수 있지만 초보 학습자에게는 혼란을 줄 수 있는 여지가 있다고 판단되어 알고리즘 학습에 필수적인 기능 위주로 기술하였습니다.
이러한 부분은 향후 코딩 능력이 배양되고 나서 필요에 따라 재학습을 한다고 하더라도 전혀 문제가 되지 않고, 매우 손쉽게 접근할 수 있게 됩니다.

■ 본 교재는 다양한 문제를 스스로 해결해 나감으로써 코딩 실력을 향상시키는 방법을 채택하였습니다.
주어진 문제를 보고 해결방법을 먼저 생각해보는 시간이 필요합니다.
따라서 본 교재의 구성은 다수의 문제를 제시하여 문제를 해결해 나가는 형식으로 구성하였습니다. 문제해결을 위해 알아야 할 이론과 필요한 명령어를 찾고 이해하고 적용하는 과정을 스스로 수행하게 하여 학습 효율을 높이고자 하였습니다.

미래 사회의 구성원은 프로그래밍이 필수 능력이 될 것이라 예상합니다. 그리고 프로그래밍 기법은 한번 이해가 되면 평생 잊혀지지 않는 자전거 타는 능력과 유사한 형태의 능력입니다.

본 교재를 통해 프로그래밍 학습을 시작하는 모든 분들이 코딩의 진정한 의미를 이해하고 주어진 문제를 해결하기 위한 알고리즘 기법의 활용이 가능한 코딩 능력자가 되시길 진심으로 기원합니다.

햇살 따뜻한 겨울날 푸른 윤산을 바라보며…

부산가톨릭대학교

주재흠 교수

지금이야 가정의 필수 전자제품으로 인식될 정도로 모든 사람이 컴퓨터와 친숙해 있지만, 사실 필자가 대학에 입학한 1983년에는 개인용 컴퓨터가 대학에 보급되지도 않았고 선진화된 학사관리를 자랑하는 일부 대학에서만 메인프레임이라고 불리는 중대형 컴퓨터를 도입하여 업무에 활용했습니다. 대학에 개인용 컴퓨터가 없으니 가정에 없는 것은 너무나 당연했고, 컴퓨터공학을 전공으로 하는 필자와 같은 학생들은 메인프레임에 연결된 터미널과 키보드를 통해 컴퓨터 프로그래밍 과목을 수강했습니다. 그러고보니 1학년 1학기 전공필수 과목으로 지금은 상상도 할 수 없는 천공카드를 이용한 포트란 프로그래밍을 수강한 지도 벌써 40년이 넘었습니다.

컴퓨터 프로그래밍 언어는 운영체제와 사용자 인터페이스에 따라 기능의 제약이 많을 수밖에 없기 때문에 포트란, 파스칼, 알골 등의 프로그래밍 언어로 만들어진 소프트웨어가 사용되던 시절과 지금을 비교하는 것은 무의미하고 참으로 격세지감을 느끼게 합니다. 그러나, 지금이 아무리 고급 기능이 제공되는 프로그래밍 언어가 활개 치는 시대라 하더라도 시작은 있는 법입니다. 일단은 일어서야 걸을 수 있고, 걸을 수 있어야 뛸 수도 있는 어린아이의 발달 과정과 컴퓨터 프로그래머의 성장 과정은 동일하다고 볼 수 있습니다. 그리고, 업무수행 중에 웬만한 것은 실무자 스스로 프로그래밍해서 결과를 업무에 활용할 정도로 프로그래밍이라는 것이 전공자들만의 고유한 영역이라는 개념도 붕괴된 지 이미 오래입니다.

대학에서 학생들을 가르치는 일을 오래 해왔고, 교수 생활 초기에는 이런저런 전공서적을 저술하기도 했으나 어느 정도 경력이 쌓인 교수들에게는 또 다른 미션이 주어지는 대학의 특성상 한동안 전공서적 저술할 엄두도 내지 못했던 것이 사실이지만, 더 늦기 전에 프로그래밍의 세계에 첫발을 내딛는 비기너들을 위한 지침서 하나 정도는 만들어내는 것이 이 분야 선배로서의 도리라고 생각하여 이번에 용기를 내봤습니다. 아무쪼록 이 책을 통해 시대에 뒤떨어지지 않고 발맞춰갈 수 있는 최소한의 능력을 함양할 수 있길 빕니다.

부산가톨릭대학교

원성현 교수

서문 3

컴퓨터공학과 졸업 후 IT분야에서 20년이 넘는 직장생활을 하면서 다양한 개발 언어와 개발 툴들의 변화와 발전을 보게 되었습니다. 과거에는 이용하지 않았던 개발 언어나 툴들이 IT 의 발전과 변화에 힘입어 그동안 이용하지 않던 개발 언어나 툴들이 새롭게 각광받고 있는 것 또한 현실입니다. IT실무 직장생활의 경험을 바탕으로 대학 강단에서 학생들에게 조금 더 직장생활에서 바로 활용할 수 있는 개발 방법론과 툴들을 다양하게 알려주고 싶은 마음 이 간절합니다.

이러한 때에 AI, 빅데이터, 클라우드라는 시대적 변화의 흐름속에서 컴퓨터공학 전공자뿐만 아니라 비전공자들도 통계 분석을 위한 개발 언어 및 툴들을 익혀야 할 필요성이 대두되고 있는 것이 현실입니다. 인터넷 서점이나 오프라인 서점에는 10년전보다 IT 개발 도서들이 엄청나게 많이 생겨나고 있습니다. 그러나 이렇게 많은 책이나 교재 중에서 누구나 쉽게 따 라 할 수 있는 개발 언어의 이론과 활용 면에서 연습문제 중심으로 실습을 하면서 누구나 쉽게 직접 따라해 볼 수 있는 도서는 거의 찾아보기 어려운 실정입니다.

프로그래밍을 한다는 것은 정말 어려운 과정의 연속입니다. 특히, 개발자의 입장에서 특정 개발 언어의 기초에 대한 이론과 반복학습 그리고 활용 부분까지 무한한 수학적 논리를 요 구하는 부분이 많습니다. 특히 프로그래밍을 잘하기 위해서 이론에만 집중하다 보면 실제 코딩을 하는 단계에서는 어떤 부분을 먼저 시작해야 하는지를 판단하기 어려운 경우가 많습 니다. IT 분야로 시작하려는 사회 초년생 및 초급 개발자의 경우에는 무엇을 먼저 시작해야 하는지 막막합니다.

프로그래밍을 잘하기 위해서 처음부터 너무 어려운 이론 중심의 학습을 진행하다 보면 순서 대로 이해를 제대로 하지 못할 경우가 생기고, 이론적으로 너무 어려운 부분으로 인하여 프 로그래밍 학습을 중도에 포기하거나 멈추는 경우도 수없이 많습니다. 이럴 때, 본 도서에서 처럼 문제해결을 위해서 주어진 문제를 먼저 보고 해결 방법을 생각하면서 필요한 명령어와 사용 방법, 이론 학습을 병행해서 학습한다면, 유능한 개발자가 되기 위한 초석을 다지는 역할을 할 수 있으리라 생각합니다.

IT 분야로 진출을 하려는 컴퓨터공학 전공자 및 비전공자들도 이 책을 통하여 파이썬이 결코 어려운 언어가 아님을 다시 한번 인식시키는 계기가 되기를 바랍니다.

배화여자대학교
오수환 교수

이 책에 대하여

- 문제를 중심으로 해결 방법에 관한 기초적인 논리를 배울 수 있습니다.
- 파이썬의 문법을 논리적이고 수학적으로 적용하는 기법을 배울 수 있습니다.
- 프로그래밍 기술에 대한 기본적인 방법론 기반으로 문제를 해결하는 방법을 배웁니다.

파이썬을 이용하여 이론적이고 논리적인 접근을 통하여 데이터를 이해하고 수학적으로 접근하는 방법을 배울 수 있습니다.

프로그래밍을 배운다는 것은 일반적인 생각으로 접근하는 것 이상으로 어려운 과정일 수도 있습니다. "일상생활에서 일어나는 것을 논리적이고 수학적으로 생각하는 습관을 가지는 것이 무엇보다도 프로그래밍 실력을 높이는데 중요하다"는 생각이 들 때가 많습니다.

우리가 뭔가를 배우고 싶을 때가 있다면, 이론을 생각만으로 학습하려고만 하지 말고, 단 30분 만이라도 컴퓨터 앞에 앉아서 직접 키보드를 두드리면서 이론에 대한 문법을 직접 실습을 해보는 것이 무엇보다도 중요합니다. 문제를 해결하기 위해서는 소스 코드들을 직접 코딩을 해봐야 됩니다.

본 도서에 나오는 소스 코드외에 더 많은 문제와 코딩을 해보고 싶은 마음이 있다면 파이썬 홈페이지(www.python.org)의 아래의 주소에 접속하여 도움말을 참고하는 것도 좋은 방법일 것입니다.

- https://www.python.org/doc/
- https://docs.python.org/3.12/whatsnew/3.12.html

CONTENTS

1

프로그래밍 시작하기

1부에서는 프로그래밍의 기초를 학습합니다. 프로그래밍의 개념 및 프로그래밍에 필요한 언어의 구성 요소를 살펴봅니다. 그 다음으로 이 책에서 프로그래밍에 사용할 파이썬의 설치 방법과 환경 설정에 대해서 설명하고, 환경 설정 후 간단한 프로그램을 작성해 보겠습니다.

이 책은 문제해결 중심의 논리적 사고를 익히는데 있어서 파이썬이라는 인터프리터 언어의 사용법을 학습하고 활용하기 위한 기본적인 방법을 소개합니다.

파이썬(Python)은 1990년 암스테르담의 귀도 반 로섬(Guido van rossum)이라는 프로그래머에 의해 개발된 인터프리터 언어입니다. 파이썬은 가독성이 높고 쉬운 문법 덕택에 다른 프로그래밍 언어보다 학습하기 쉽고 빠르게 습득을 할 수 있다는 특징이 있습니다. 이런 이유로 프로그래밍을 전공하지 않은 비전공자 중심으로 인기를 얻고 있습니다. 그리고 파이썬은 컴퓨터 프로그래밍을 교육할 때뿐만 아니라 기업에서 실무를 할 때도 데이터 분석과 모델링을 다루는 통계학부터 딥러닝과 인공지능을 활용하는 의학에까지 최근 다양한 분야에서 각광을 받고 활용되고 있습니다.

파이썬의 특징

- 스크립트 언어(Script Language)
- 동적 타이핑(Dynamic Typing)
- 독립적인 플랫폼(Independent-Platform)
- 오픈 소스 언어(Open Source Language)

스크립트 언어 (Script Language)

파이썬은 컴파일 과정 없이 인터프리터(Interpreter, 해석기)가 [소스 코드] 한 줄씩 읽어 들여 곧바로 실행하는 스크립트 언어(Script Language)입니다. 컴파일 과정이 필요하지 않아 실행 결과를 바로 확인할 수 있고 수정하면서 누구나 쉽게 코드를 작성할 수 있는 특징이 있습니다.

동적 타이핑 (Dynamic Typing)

파이썬은 동적 타입의 언어입니다. 변수의 자료형을 지정하지 않고 단순히 선언하는 것만으로도 값을 지정할 수 있고, 이때 변수의 자료형은 코드가 실행되는 시점에 결정이 됩니다. 자료형을 다른 타입으로 변환을 할 때 번거로운 과정을 거치지 않는 장점이 있기는 하지만, 코드를 실행하는 도중에 예상치 못한 타입으로 인해서 에러가 발생할 수도 있는 특징이 있습니다.

독립적인 플랫폼 (Independent-Platform)

파이썬은 리눅스나 유닉스, 윈도우즈, 맥 등 대부분의 운영체제에서 모두 동작을 합니다. 운영체제의 종류별로 별도로 컴파일을 할 필요가 없기 때문에 한번 [소스 코드]를 작성하고 나면 어떤 운영체제에서도 활용이 가능한 특징이 있습니다.

오픈 소스 언어 (Open Source Language)

파이썬은 오픈 소스이기 때문에 누구나 무료로 다운로드 및 설치가 가능하고 사용하는데 있어서 비용이 들지 않습니다. 소프트웨어 사용료 걱정 없이 언제 어디서든 파이썬을 사용할 수 있는 특징이 있습니다.

이외에도 파이썬의 다양한 특징이 있으니, 각종 사이트 및 다양한 도서의 검색을 통하여 파이썬의 장단점을 확인해 보는 것도 프로그래밍에 관심을 가지고 시작하는 초급자의 입장에서는 의미가 있을 것입니다.

여기서 잠깐　　**인터프리터(Interpreter)란?**

인터프리터(Interpreter)라는 단어는 "해석하다"라는 뜻으로 우리의 일상생활에서 굉장히 자주 쓰입니다. 그래서 인터프리터는 "통역사"라는 뜻도 가지고 있습니다. 이름에 걸맞게 인터프리터는 프로그램 실행시 한 번에 한 문장씩만 기계어로 번역을 합니다.

이해를 돕기 위해 간단히 그림으로 설명을 하면,

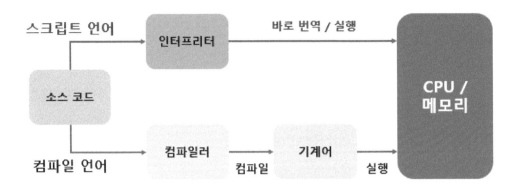

인터프리터는 [소스 코드]를 실행할 때 별도의 컴파일러를 거치지 않고, 곧바로 번역/실행을 한 뒤 바로 CPU나 메모리에 올려서 실행합니다.

- 소스 코드 명령어를 한 줄씩 분석하면서 기계어로 번역하여 실행해 가는 형태입니다.
- 개발 속도에 큰 장점이 있습니다.
- 메모리 효율이 좋습니다.

인터프리터(Interpreter)를 사용하는 대표적인 언어에는 Python, R, Ruby 등이 있습니다.

제2장

파이썬 설치

파이썬을 본격적으로 배우고 직접 실습을 하기 위해서 개인 컴퓨터에 파이썬을 설치해야 합니다. 이 책에서는 윈도우에서의 설치 방법을 다루겠습니다. 만약, 다른 시스템을 이용하고자 한다면 파이썬 공식 홈페이지(www.python.org)의 설명을 참고해서 설치해 보기를 바랍니다.

윈도우에서의 파이썬 프로그램 설치하기

1. 먼저 파이썬 공식 홈페이지(www.python.org)에 접속을 합니다. 파이썬 공식 홈페이지의 다운로드 페이지(www.python.org/downloads)에서 윈도우용 파이썬 설치 프로그램을 내려 받습니다. 아래 화면에서 Python 3.x로 시작하는 버전 중 가장 최신의 윈도우 설치 파일을 내려 받습니다.(최신 버전 : 2024년 1월 현재 기준 Python 3.12.1)

   파이썬 프로그램 버전은 Python 3.12.1 이하 버전을 사용해도 실습을 하는데 아무런 문제가 되지 않습니다.

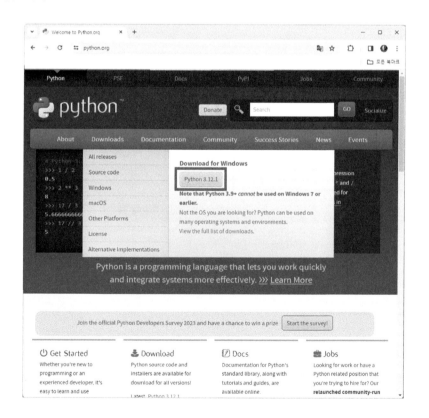

2. 설치 파일을 실행한 후 [Install Now]를 클릭하면, 설치가 진행된다. 이때, 파이썬이 어느 곳에서든지 실행될 수 있도록 [Add python.exe to PATH] 옵션을 반드시 선택해야 합니다.

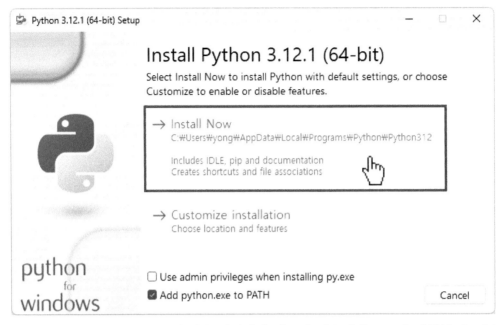

[Add python.exe to PATH] 옵션을 선택하지 않으면 실습시에 오류가 발생할 수 있습니다.

3. 설치 화면이 나타납니다.

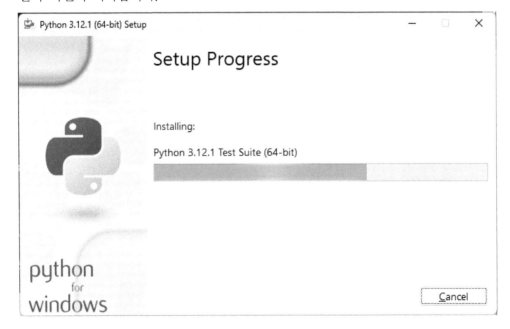

4. 설치가 완료되면 [close] 버튼을 클릭하여 설치 프로그램을 종료합니다.

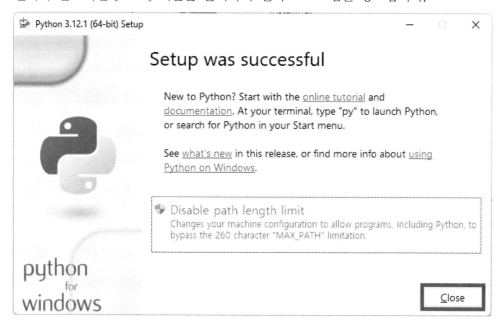

제3장 간단한 프로그램 작성하기

파이썬이 정상적으로 설치가 되었다면 [시작] 메뉴의 검색창에서 python을 검색하여 파이썬 실행 프로그램을 찾을 수 있습니다.

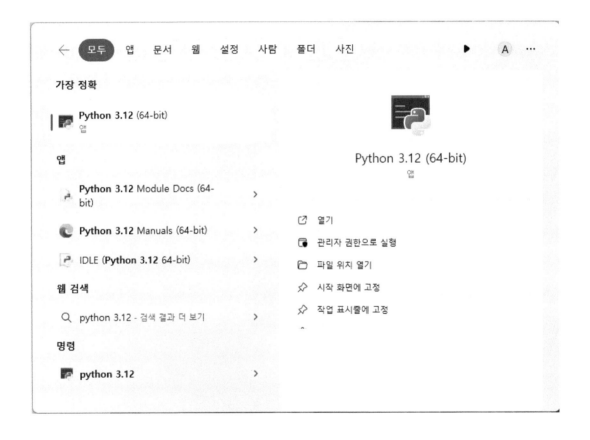

1. 그럼 파이썬을 실행해 볼까요? 윈도우의 시작 메뉴에서 파이썬을 실행해 주세요.
   예를 들어 윈도우 11에 Python 3.12.1(64비트)을 설치한 경우, 윈도우 버튼 〉 모든 앱 〉
   Python 3.12 〉 Python 3.12(64−bit)를 선택합니다. 아래와 같은 뭔가 친숙하지 않은 검은색
   창이 뜹니다. 이 화면이 파이썬으로 작성된 코드를 실행해 주는 인터프리터 프로그램으로써,
   "파이썬 인터렉티브 셸"이라고 합니다.

   여기에서 파이썬의 명령어를 한줄 한줄 입력하면서 실행 결과를 바로 확인을 할 수 있습니
   다. 파이썬 인터렉티브 셸 화면에 "〉〉〉" 라는 표시가 있는데, 이 "〉〉〉"는 프롬프트라고 하는
   데, 파이썬에서 명령어를 입력받을 준비가 되어 있다는 의미입니다.
   "〉〉〉" 뒤에 원하는 파이썬 명령어를 입력하면 바로 실행 결과를 확인할 수 있습니다.

2. 파이썬 프로그램을 설치를 하고 툴을 실행을 했으니, Hello, World 라는 문장을 실행하는 코드를 작성하고 실행 결과가 잘 나오는지 확인을 해봅시다. 아래 그림처럼 >>> print ("Hello, World") 라고 입력하고 엔터키를 눌러 봅니다. Hello, World가 정상적으로 출력이 되었다면 명령어가 제대로 전달이 된 상태이니, 이제 본격적으로 실습을 하기 위한 준비를 모두 마친 상태가 되는 겁니다.

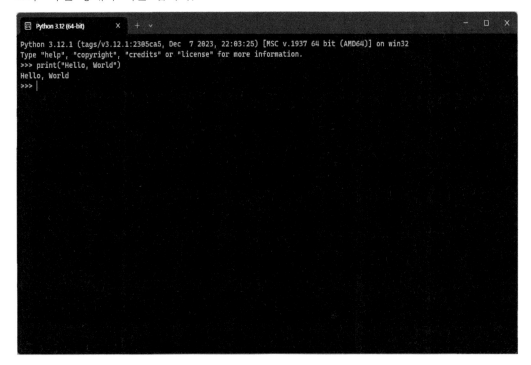

3. 파이썬에서 기본으로 제공되는 또 다른 에디터인 "IDLE"이라는 에디터가 있습니다. 시작 〉 윈도우 〉 모든 앱 〉 Python 3.12 〉 IDLE (Python 3.12 64-bit)라는 메뉴가 보일 겁니다. 또는 검색창에서 IDLE을 입력해서 실행할 수도 있습니다.

IDLE은 대화형 프로그램뿐만 아니라 파일로 저장도 할 수 있는 에디터입니다. 그리고 코드 자동 완성 기능등 다양한 기능도 추가되어 있습니다.

편한 방법으로 IDLE를 실행하면 검은 창은 아니지만, 개인 컴퓨터의 환경마다 조금의 차이는 있지만 IDLE 창이 나타납니다.

파이썬 인터렉티브 셀과 비슷한 창이 하나 나타납니다. 겉모양은 파이썬 인터렉티브 셀과 비슷하지만, 훨씬 많은 기능을 가지고 있습니다. 여기서도 파이썬 인터렉티브 셀에서 입력한 것처럼 〉〉〉 print("Hello, World") 라고 입력을 하고 엔터키를 입력하면, 동일하게 실행 결과가 나오는 것을 확인할 수 있습니다.

이상으로 파이썬 실습을 하기 위한 파이썬 프로그램 설치와 파이썬 명령어를 입력하고 결과를 확인하기 위한 파이썬 인터렉티브 셀과 파이썬 IDLE 에디터의 실행 방법을 확인해 봤습니다. 그 외 파이썬 학습을 위한 다양한 툴들이 있으나, 다른 툴들을 이용하기 위해서 개인 컴퓨터에 설치를 할 경우에는 해당 툴들의 홈페이지나 해당 툴들의 도움말을 참조하여 설치를 하고 실습에 이용해도 아무런 문제가 없을 것입니다.

2

데이터 다루기

제4장 데이터 입출력

- 해결 문제 (P1~P28) / 실행결과 / 적용 포인트 / 적용예
- 적용 이론 / 문제 해결 / 소스 코드
- 예제 (P1-1~P28-1)

2부에서는 본격적으로 파이썬 프로그래밍 실습을 통한 해결 문제를 시작으로 학습합니다. 해결 문제에 대한 실행 결과와 문제를 해결하기 위해서 핵심 포인트가 무엇인지 그리고 적용예시를 통하여 문제해결에 대한 소스 코드를 직접 작성을 해 봅니다.

데이터 입출력

해결문제 P1	"Hello!" 를 화면 상에 출력하는 프로그램
실행 결과	Hello!

문제해결을 위한 논리적 사고

적용 포인트	○ 화면 출력함수 ⇨ print() : 화면에 문자나 수치 데이터를 출력 ⇨ print() 함수 괄호 내의 따옴표 " " 사이에 표시된 모든 내용을 화면에 표시
적용예	print("Hello!")

적용 이론

파이썬에서 화면상에 특정 문자열을 표시하는 기능은 print() 함수가 수행한다.
출력 함수인 print() 함수의 사용 형식은 다음과 같다.

print("문자열")

이 함수의 기능은 따옴표 사이의 문자열을 그대로 똑같이 화면상에 표시하게 된다.
여기서 문자열이란 한글, 영어 알파벳, 숫자, 특수문자 등 모든 종류의 문자들을 의미한다.
따옴표 사이에 표시하게 되어 있고 따옴표를 쓰지 않으면 문법 오류(Syntax Error)가 발생
하여 프로그램이 실행되지 않게 된다. 따옴표는 " "와 같이 이중 인용부호를 사용해도 되
고 ' '와 같이 단일 인용부호를 사용해도 된다.

문제 해결

주어진 문제는 화면상에 "Hello!"라는 문자열을 출력하는 것이다.

이와 같은 기능을 수행하기 위해서는 print("Hello!")와 같이 print() 함수의 괄호내 따옴표 사이에 Hello!를 기입하면 된다.

이렇게 할 경우 " " 기호 사이의 문자열이 화면상에 출력되게 된다.

소스 코드

1:	**print("Hello!")**

1: print() 함수는 괄호 내의 따옴표 즉 " " 사이에 있는 Hello! 라는 문자열을 화면상에 출력한다.

예제 P1-1	**"Software"를 화면 상에 출력하는 프로그램**

[hint] print() 함수 사용

해결문제 P2	**"Welcome to Python World!!" 를 두 줄에 걸쳐 화면 상에 출력하는 프로그램**
실행 결과	**Welcome to Python World!**

문제해결을 위한 논리적 사고

적용 포인트	○ print() 함수의 문자열 출력 시 줄바꿈 기능 ⇨ ₩n
적용예	**print("Welcome to ₩n Python World!!")**

적용 이론

print() 함수를 이용하여 화면상에 문자열 출력을 완료하고 나면 자동적으로 줄바꿈 기능이 실행된다. 여기서는 문자열 실행 중간에 줄바꿈을 할 필요가 있을 경우 ₩n을 사용하면 줄바꿈 기능이 실행된다.

> **print("문자열 ₩n 문자열")**

문제 해결

주어진 문제는 화면상에 "Welcome to Python!!"이라는 문자열을 출력할 때 "Welcome to" 출력 다음에 줄을 바꾸는 것이다.
이 기능을 수행하기 위해서는 ₩n을 사용한다. 즉, print("Welcome to ₩n Python World!!") 와 같이 사용하면 "Welcome to"를 출력하고 줄을 바꾸어서 나머지 문자열인 "Python World!!"를 출력한다.

소스 코드

> 1: **print("Welcome to ₩n Python World!!")**

1: "Welcome to"를 출력하고 나면 줄을 바꾸어서 다음 줄에 "Python World!!" 를 출력한다.

예제 P2-1 "Department of Computer & Information Engineering"를 두 줄에 걸쳐 화면 상에 출력하는 프로그램

[hint] print() 함수에서 ₩n 기능 사용

해결문제 P3 "Computer University"와 "of Korea"의 두 문구를 각각 2개의 print()문을 사용하여 한 줄에 출력하는 프로그램

문제해결을 위한 논리적 사고

| 적용 포인트 | ○ print() **함수의 줄바꿈 기능 해제** ⇨ end=" " |

| 적용예 | **print("Computer University",end=" ")** |

적용 이론

print() 함수는 문자열 출력을 완료하면 기본적으로 줄바꿈 기능을 수행한다.

print() 함수의 기본 기능인 줄바꿈 기능이 필요 없을 경우가 있는데 이경우 줄바꿈 기능을 해제해야 되는데 이때 사용하는 기능이 end=" "이고 사용 형식은 다음과 같다.

> **print("문자열",end=" ")**

여기서 " " 사이에 공백 문자가 들어가 있는데 이 공백 문자만큼만 띄우고 줄바꿈 기능은 수행하지 않는다.

문제 해결

주어진 문제에서는 2개의 print() 함수를 이용하여 "Computer University"라는 문구를 출력하고 또 "of Korea"를 출력할 때 줄바꿈 없이 이어서 출력하는 것이 필요하다.

print() 함수의 줄바꿈 기능을 해제하기 위해서는 end=" "을 사용해야 한다.

즉 print("Computer University",end=" ")와 같이 첫 번째 print() 함수 괄호 내의 마지막 부분에 콤마(,)와 함께 end=" "을 입력하면 줄바꿈 기능의 실행이 해제되어 한 줄에 연속적으로 출력된다.

소스 코드

```
1:  print("Computer University",end=" ")
2:  print("of Korea")
```

1: "Computer University" 라는 문구를 출력하고 줄바꿈 없이 end=" "의 따옴표 사이의
   공백문자 만큼만 띄우고 기능 실행을 완료한다. 이 경우 현재 커서의 위치는
   "Computer University" 를 출력한 그 위치이다.

2: 현재 커서의 위치에서부터 "of Korea" 을 출력한다.

예제 P3-1	"Department of Computer & Information Engineering"의 두 문구를 각각 2개의 print()문을 사용하여 한 줄에 출력하는 프로그램

[hint] print() 함수에서 end=" " 기능 사용

해결문제 P4	정수형 변수 age에 20을 저장하고 다음과 같이 출력하는 프로그램

실행 결과	당신의 나이는 20세입니다.

문제해결을 위한 논리적 사고

적용 포인트	○ 정수형 변수(int) : 정수를 저장하는 변수 ○ "=" : 우항의 내용을 좌항의 변수에 입력한다.(대입연산자)

적용예	age=20

적용 이론

T1. 변수

변수란 데이터를 저장할 수 있는 메모리 공간을 의미한다. 컴퓨터로 처리하기 위한 중요한 데이터를 저장할 수 있게 하고 처리 이후 생성된 정보도 저장할 수 있게 해준다.

데이터의 종류에는 정수형(int), 실수형(float), 문자형(str) 등이 있다. 변수에 정수를 저장하면 이 변수는 정수형 변수가 되고, 실수를 저장하면 실수형 변수가 된다.

age=20 와 같이 실행하면 "age" 라는 변수에 20이란 데이터를 저장하는 것이 된다. 이때 age를 변수명이라고 한다. 이렇게 데이터가 변수에 저장되고 나면 그 이후에는 age라 쓰며 이것은 이 변수(메모리)에 저장된 데이터인 20을 의미하게 된다. 또한 age라는 변수에 새로운 데이터로 다시 갱신해도 된다. 즉 age=12 와 같이 실행하면 age는 다시 12라는 값을 의미하게 된다. 이와 같이 변수에 데이터를 저장하기 위해 변수의 이름을 사용하게 되는데 이것을 변수명이라고 한다. 변수명은 프로그래머가 임의로 생성하면 되는데, 변수명을 보면 그 데이터가 어떤 데이터인지를 알 수 있게 그 데이터가 의미하는 명칭을 부여하는 것이 일반적이다. 변수명을 생성하기 위한 규칙은 다음과 같다.

표 1-1 변수명 생성 규칙

사용 가능한 단어	설명	사용 불가능한 단어
alpha	키워드* 사용 불가	break(X)
_alpha	특수 문자는 언더 바(_)만 허용됨	alpha&(X), alpha@(X)
alpha10	숫자로 시작하면 안됨	237alpha(X)
AlpHa	공백을 포함할 수 없음	has space(X)
ALPHA	+ 가급적 알파벳을 사용	alphabc

위의 표에서 왼쪽의 단어는 모두 식별자로 사용할 수 있지만, 오른쪽의 단어는 모두 식별자로 사용할 수 없습니다. 그리고 식별자를 만들 때는 한글, 한자, 일본어와 같은 전 세계의 언어를 모두 사용할 수 있지만, **알파벳**을 사용하는 것을 추천합니다. 또한, a, b처럼 의미없는 단어보다 file, output처럼 **의미 있는** 단어를 사용하는 것이 좋습니다.

키워드(Kedword)란 무엇인가요?

키워드(keyword)는 특별한 의미가 부여된 단어로, 파이썬이 만들어질 때 이미 사용하겠다고 예약을 해놓는 것입니다. 사용자가 키워드인지 아닌지를 구분해야 하는 이유는 **프로그래밍 언어에서 사용자가 이름을 정할 때 키워드를 사용하면 안 되기** 때문입니다.

혹시 이후에 사용하는 단어가 키워드인지 아닌지 꼭 확인해야 할 경우가 있을 것입니다. 그때는 다음과 같은 코드로 파이썬의 키워드를 확인해 보세요.

```
1:  import keyword
2:  print(keyword.kwlist)
```

위의 명령문을 파이썬 프로그램에서 실행하면 아래와 같이 **파이썬의 키워드**가 출력이 됩니다.

['False', 'None', 'True', 'and', 'as', 'assert', 'async', 'await', 'break', 'class', 'continue', 'def', 'del', 'elif', 'else', 'except', 'finally', 'for', 'from', 'global', 'if', 'import', 'in', 'is', 'lambda', 'nonlocal', 'not', 'or', 'pass', 'raise', 'return', 'try', 'while', 'with', 'yield']

위의 결과에서처럼 키워드(keyword)로 사용되는 변수들은 변수로 사용할 수가 없습니다.

T2. 문자와 변수를 출력하는 방법

[1] 문자와 변수를 순차적으로 나열하여 다수의 항목으로 출력

> **print("문자열",변수명,"문자열")**

[예] print("당신의 나이는 ",age,"세 입니다.") ⇨ **[결과]** 당신의 나이는 20세입니다.

[2] 특수기호 %를 사용하여 변수 출력

> **print("문자열 %d 문자열",%변수명)**

[예] print("당신의 나이는 %d세 입니다."%age) ⇨ **[결과]** 당신의 나이는 20세입니다.

print() 함수를 이용하여 문자를 출력할 때, 특수기호 %를 이용하여 변수를 출력할 수 있다. 여기서 %d는 특정 정수형 변수의 값을 출력하는 위치이다. 이 변수는 문자열 표시가 끝나고 바로 %변수명의 형태로 기술하게 되어 있다. 예를 들어 print("합 : %d"%sum)이 실행되면 따옴표 안에 있는 내용이 모두 화면에 출력되는데, 이때 %d의 위치에는 변수 sum의 내용이 출력되게 된다. 변수 sum의 값이 150이라면 출력의 결과는 "합 : 150" 과 같이 표현이 된다.

만일 실수형 변수 값을 출력할 경우에는 %f를, 한글자를 의미하는 문자형인 경우에는 %c를 사용해야 된다.

표 1-2 **출력 규칙**

데이터형	출력 기호	사용예	결과
정수형	%d	n=77 print("합 : %d "%n)	합 : 77
실수형	%f	fa=12.75 print("합 : %f "%fa)	합 : 12.75
문자형	%c	ch=' B' print("학점 : %c "%ch)	학점 : B
문자열	%s	st= "Hello! " print("인사 : %s "%st)	인사 : Hello!

문제 해결

이론 부분에서 설명한 바와 같이 age=20 와 같이 실행하면 age라는 변수에 20이란 데이터를 대입하게 된다. 이 경우 age는 정수형 변수가 된다.
문제에서 요구된 출력은 "당신의 나이는 20세 입니다."이다. 여기에서 20이란 데이터는 변수 age에 들어가 있는 데이터로서 문자열과 변수를 연이어서 출력하는 방법은 T2. 문자와 변수를 출력하는 방법을 참조하면 된다.

소스 코드

```
1:  age = 20
2:  print("당신의 나이는 ",age,"세 입니다.")
```

1: age라는 변수에 20이란 데이터를 입력한다. 이 이후에는 age는 20을 의미한다.

2: 문자열과 변수를 같이 출력하는 방법으로서 먼저 문자열을 출력하고 이어서 변수값을 출력하고 이어서 다시 문자열을 출력하는 방식을 적용하였다. 이들 항목들은 콤마(,) 기호를 사용하여 구분 짓는다.

예제 P4-1	변수에 2024를 저장하고 "올해는 2024년입니다."라는 문구를 출력하는 프로그램

해결문제 P5	실수형 변수 PI에 3.141592를 저장하고 출력하는 프로그램
실행 결과	파이(PI) 값은 3.14192 입니다.

문제해결을 위한 논리적 사고

적용 포인트	○ 실수형 변수(float)에 데이터 저장
적용예	pi=3.141592

적용 이론

임의의 변수에 실수를 저장하면 그 변수는 실수형 변수가 된다.[참고T1]

문제 해결

이 문제에서는 먼저 pi라는 변수에 3.141592라는 데이터를 저장해야 한다. 이것은 pi=3.141592 와 같이 실행하면 우항의 실수 값이 좌항의 pi라는 변수에 저장이 된다. 이때 변수 pi는 실수형 변수가 된다.

이것을 실행 결과에서 주어진 형식으로 출력하기 위해서는 print("파이 값은 ",pi,"입니다.")와 같이 실행하면 요구된 것과 같은 결과가 나온다.

소스 코드

```
1:  pi = 3.141592
2:  print("파이 값은 ",pi," 입니다.")
```

1: pi라는 변수에 3.141592라는 데이터를 입력한다.
2: 문자열과 변수를 같이 출력하는 방법으로서 먼저 문자열을 출력하고 이어서 변수값을 출력하는 형태로 문자열을 출력하는 방식을 적용하였다.

예제 P5-1	변수 e에 2.718281828을 저장하고 "자연로그의 밑 e는 2.718281828입니다."라는 문구를 출력하는 프로그램 출력하는 프로그램

해결문제 P6	P4, P5번 문제를 %를 이용하여 출력하는 프로그램
실행 결과	당신의 나이는 20세 입니다. 파이 값은 3.14 입니다.

문제해결을 위한 논리적 사고

적용 포인트	○ 실수형 변수(float)에 데이터 저장	○ 실수형 변수 출력
적용예	print("당신은 %d 세 입니다. "%age)	

적용 이론

print() 함수를 이용하여 문자를 출력할 때 특수기호 %를 이용하여 변수를 출력한다.**[참고 T2]** 이때 %d는 정수형 변수를 표시하고, %f는 실수형 변수를 표시하게 된다.

문제 해결

P4는 20이란 데이터가 들어있는 변수 n을 %d를 이용하여 화면에 출력해야 한다. 예를 들면 print("당신의 나이는 %d세 입니다."%n)와 같이 적절한 위치에 %d를 기술하여 변수 n에 저장 되어 있는 데이터를 출력한다.

P5는 3.14란 데이터가 들어있는 pi 변수를 %f를 이용하여 화면에 출력해야 한다. 예를 들면 print("파이값은 %f 입니다."%pi)와 같이 적절한 위치에 %f를 기술하여 변수 pi에 저장되어 있 는 데이터를 출력하면 된다.

소스 코드

```
1:  n = 20
2:  pi = 3.14
3:  print("당신의 나이는 %d세 입니다."%n)
4:  print("파이 값은 %f 입니다."%pi)
```

1: 변수 n에 20이라는 데이터를 입력한다. 이 경우 n은 정수형 변수가 된다.
2: 변수 pi에 3.14라는 데이터를 입력한다. 이 경우 pi는 실수형 변수가 된다.
3: print() 함수를 이용하여 문자열을 출력할 때 따옴표 내부에 특수문자 %d를 이용하여 정수형 변수인 n의 내용을 출력한다.
4: print() 함수를 이용하여 문자열을 출력할 때 따옴표 내부에 특수문자 %f를 이용하여 실수형 변수인 pi의 내용을 출력한다.

해결문제 P7	이름을 입력받아 변수에 저장하고 다음과 같이 출력하는 프로그램
실행 결과	이름 입력 : **홍길동** 당신의 이름은 홍길동입니다.

문제해결을 위한 논리적 사고

적용 포인트	○ 데이터 입력함수 : input() ⇨ 프로그램 실행 이후 데이터 입력 받음	○ 형식 : input("문자열")
적용예	**name = input("이름 입력 : ")**	

적용 이론

T3. 입력문 : input()

프로그램 실행 이후 데이터를 입력받는 기능은 input() 함수가 수행한다. 이 함수의 형식은 다음과 같다.

변수명 = input("문자열")

여기서 문자열은 프로그램이 실행된 이후 화면에 표시될 내용이고 그 우측 옆에 프롬프트가 깜박이게 된다. 여기에 데이터를 입력하면 된다. 입력된 데이터는 좌측에 표시된 변수에 저장되게 된다. 예를 들어 코드 a = input("이름 입력 : ")을 실행하면 먼저 화면에 "이름 입력 : "이라는 문구가 뜨고 그 옆에 프롬프트가 깜박이게 된다. 여기에 "홍길동"이라는 문자열을 입력하면 이 문자열은 a라는 변수에 저장되게 된다.

이 상태에서 print("이름 : ",a)를 실행하면 "이름 : 홍길동"이라는 문자열이 화면에 표시된다.

문제 해결

이 문제에서는 입력문을 이용하여 이름을 입력받아 이름을 포함한 특정 문구를 출력해야 한다. 이름을 입력받기 위해서는 input() 함수를 사용해야 되는데 이름을 입력받을 것이기 때문에 input() 함수 내부에 기술해야 되는 문자열은 문제에서 요구된 것과 같이 "이름 입력 : "을 사용하면 name = input("이름 입력 : ")과 같이 표시되고 이 문장을 실행하면 이름을 입력하여 name이라는 변수에 저장할 수 있게 된다.

소스 코드

```
1:  name = input("이름 입력 : ")
2:  print("당신의 이름은 %s입니다."%name)
```

1: 이 문장을 실행하면 화면에 "이름 입력 : "이 표시되고 여기에 이름을 입력하면 그 이름은 name이라는 변수에 저장된다.

2: %s 위치에 변수 name에 저장되어 있는 이름이 출력된다.

예제 P7-1	이름과 학번을 입력받아 저장하고 화면상에 다음과 같이 표시하는 프로그램 ○ 이름 : 홍길동 학번 : 20220001

해결문제 P8	출생년도를 입력받아 나이를 계산하여 출력하는 프로그램

실행 결과	출생년도 입력 : 2003 당신의 나이는 20세입니다.

문제해결을 위한 논리적 사고

적용 포인트	○ 데이터 형변환 - 문자열을 정수로 변환 : int("문자열")

적용예	**year = int(input("출생년도 입력 : "))**

적용 이론

T4. 데이터 형변환

input() 함수의 기능은 프로그램 실행 이후에 외부로부터 데이터 입력을 받는 기능을 가지고
있다. 이때 입력받은 데이터는 문자열로 판단된다.
만일 1, 2, 3 등의 숫자를 입력해도 숫자같이 생긴 문자열이라고 판단을 한다.
이때 숫자로 입력한 것을 계산 가능한 진짜 숫자로 인정받기 위해서는 변환 함수를 사용해
야 한다.

여기서 데이터의 유형을 변환시키는 것을 **데이터 형변환** 이라고 한다.
데이터 형변환에는 문자열 또는 실수를 정수로 변환시켜주는 기능을 하는 int() 함수가 있고
문자열 또는 정수를 실수로 변환시켜주는 float() 함수가 있다.
데이터 형변환 함수를 정리하면 다음과 같다.

> ○ **int("문자열")** : 문자열을 정수로 변환
>
> ○ **float("문자열")** : 문자열을 실수로 변환
>
> ○ **str(숫자)** : 숫자를 문자열로 변환
>
> ○ **chr(숫자)** : 숫자를 문자열로 변환
>
> ○ **bool(숫자 or 문자열 or 불리언)** : 숫자를 문자열로 변환

여기서 잠깐   **bool(불리언) 사용시 기억할 점**

bool(불리언) 타입은 딱 2가지만 지키면 됩니다.
숫자의 경우(정수, 실수 둘 다)에는 0인지 0이 아닌지에 따라 **True, False**가 결정됩니다.
문자의 경우에는 문자열이 비었는지, 비어있지 아닌지에 따라 **True, False**가 결정됩니다.

문제 해결

이 문제에서는 데이터 입력 기능을 가지고 있는 input() 함수를 이용하여 년도를 입력받아 이것을 가지고 계산을 수행하기 위해 이 데이터를 정수로 변환시켜야 한다.

문자열을 정수로 변환시키는 함수는 int() 함수로서 이 함수를 input() 함수로 얻어진 문자열을 정수로 변환시키는데 적용하여야 한다. 이 함수를 적용하면 year = int(input("출생년도 입력 : "))과 같은 형태가 된다. 이렇게 실행하여 얻어진 데이터를 변수 year에 저장하면 변수 year에는 입력한 의도에 맞는 연산이 가능한 정수값이 저장된다.

다음으로는 입력된 출생년도 데이터를 이용하여 나이를 계산하는 처리 과정이 필요하다.

보통 우리가 나이를 구할 때는 [올해 년도]−[출생 년도]+1과 같이 계산하여 한국 나이를 구한다. 따라서 프로그램에서도 동일한 수식을 적용하여 나이를 계산하는 식을 작성하면 age = 2024−year+1과 같이 표현된다.

소스 코드

```
1:  year = int(input("출생년도 입력 : "))
2:  age = 2024 − year + 1
3:  print("당신의 나이는 %d세 입니다."%age)
```

1: 이 문장을 실행하면 화면에 "출생년도 입력 : "이 화면에 표시되고 여기에 출생년도를 입력하면 출생년도 데이터는 year이라는 변수에 저장된다.
2: 한국 나이를 계산하는 수식이다.
3: %d 위치에 변수 age에 저장되어 있는 데이터인 나이가 출력된다.

가로, 세로의 길이를 입력하면 사각형의 면적을 구하는 프로그램

해결문제
P9

inch를 입력하면 cm로 변환하는 프로그램
○ 1 inch = 2.54 cm

실행
결과

길이(inch) 입력 : 5
5.00 inch => 12.70 cm

문제해결을 위한 논리적 사고

적용
포인트

○ 데이터 형변환
 - 문자열을 실수로 변환 : float("문자열")
○ 출력 시 소수점 범위 조정
 [예] 소수점 두 자리까지 표기 : %0.2f
○ 출력 시 2개의 변수 표기 방법 :
 [예] print("%d %d"%(a,b))

적용예

```
inch = float( input("길이(inch) 입력 : ") )
cm = inch*2.54
print("%0.2f inch => %0.2f cm"%(inch,cm))
```

적용 이론

외부로부터 데이터 입력을 받는 기능을 가지고 있는 input() 함수를 통해 얻어진 데이터는 문자열이다. 이것을 연산이 가능한 실수형으로 변환시키는 함수는 float() 함수이다. [T4 참조]

데이터를 출력하는 print() 함수에서 실수를 출력할 때, 소수점의 길이는 기본적으로 여섯째 자리까지 표기한다. 이것을 원하는 자리수로 지정하는 방법은 %0.nf 와 같다. 여기서 n은 소수점 이하의 자리수를 지정하는 정수이다. 예를 들어 print("%0.2f"%pi)와 같이 표시하면

실수형 변수 pi 안에 있는 실수를 화면 상에 소수점 두 자리까지만 표기하게 된다.

출력문에서 변수를 2개 이상 표시하는 방법은 표시할 변수의 개수만큼 %d(또는 %f)를 표기하고 각 자리에 해당하는 변수는 따옴표에 이어서 %(변수1, 변수2...)와 같이 표기하면 된다. 예를 들어 정수형 변수 2개를 출력하려고 한다면 print("%d는 %d보다 크다"%(a,b))와 같이 작성하면 된다. 이때 변수 a,b는 순서대로 %d자리에 표기된다.

문제 해결

이 문제는 input() 함수를 이용하여 길이(inch)를 입력받아 이것을 cm로 환산하는 프로그램이다. 서양의 길이 단위인 inch를 실수형으로 입력받아 연산을 수행해야 하므로 input() 함수로 입력받은 문자열 데이터를 실수로 변환해야 한다. [T4 참조]
이 함수를 적용하면 inch = float(input("길이(inch) 입력 : "))과 같은 형태가 된다. 이렇게 실행하여 얻어진 데이터를 변수 inch에 저장하면 변수 inch에는 입력한 의도에 맞는 연산이 가능한 실수값이 저장된다.
1인치는 2.54 센티미터이므로 인치를 센티미터로 변환하는 식은 cm=inch*2.54와 같이 된다.

소스 코드

```
1:  inch = float(input("길이(inch) 입력 : "))
2:  cm = inch*2.54
3:  print("%0.2f inch =>%0.2f cm."%(inch,cm))
```

1: 이 문장을 실행하면 화면에 "길이(inch) 입력 : "이 화면에 표시되고 여기에 인치를 입력하면 인치 데이터는 inch라는 변수에 저장된다.
2: 인치를 센티미터로 환산하는 수식이다. 그리고 cm라는 변수에 inch*2.54인 값이 저장된다.
3: 좌측에서부터 첫 번째 %0.2f의 위치에는 변수 inch가, 두 번째 %0.2f의 위치에는 변수 cm이 화면에 표시된다.

해결문제 P10	feet를 입력하면 cm로 변환하는 프로그램 ○ 1 inch = 2.54 cm, 1 feet = 12 inch
실행 결과	길이(feet) 입력 : 3 3.0 feet => 91.44 cm

문제해결을 위한 논리적 사고

적용 포인트	○ 문자열을 실수로 변환 : float("문자열") ○ 소수점 두 자리까지 표기 : %0.2f ○ 출력 시 2개의 변수 표기 방법 : print("%d %d"%(a,b))
적용예	feet = float(input("길이(feet) 입력 : ")) . . . print("%0.1f feet => %0.2f cm"%(feet,cm))

적용 이론

input() 함수를 통해 얻어진 데이터는 문자열이다. 이것을 연산이 가능한 실수형으로 변환시키는 함수는 float() 함수이다. [T4 참조]

실수를 출력할 때 소수점의 두 자리까지만 표시할 경우에는 print("%0.2f"%pi)와 같이 %와 f 사이에 0.2라고 표시하면 된다. [P9 참조]

print() 함수를 이용하여 실수형 변수 2개를 출력하려고 하면 print("%f %f"%(f1,f2))와 같이 작성하면 된다. [P9 참조]

문제 해결

이 문제는 길이(feet)를 입력받아 이것을 cm로 환산하는 프로그램이다. 길이 단위인 feet를 입력받아 연산을 수행해야 하므로 input() 함수로 입력받은 문자열 데이터를 실수로 변환하여야 한다. [T4 참조]

이 함수를 적용하면 feet = float(input("길이(feet) 입력 : "))과 같은 형태가 된다. 이렇게 실행하여 얻어진 변수 feet는 연산이 가능한 실수값을 저장하여 실수형 변수가 된다.

1피트는 12인치이므로 입력된 f 피트는 f*12 인치가 된다. 1인치는 2.54 센티미터이므로 앞서 계산된 f*12인치는 2.54를 곱하면 cm가 되므로 (f*12)*2.54 센티미터가 된다. 따라서 피트를 센티미터로 변환하는 식은 cm=feet*12*2.54와 같이 된다.

소스 코드

```
1: feet = float( input("길이(feet) 입력 : ") )
2: cm = feet*12*2.54
3: print("%0.1f feet => %0.2f cm"%(feet,cm))
```

1: 이 문장을 실행하면 화면에 "길이(feet) 입력 : "이 화면에 표시되고 여기에 피트를 입력하면 피트 데이터는 feet라는 변수에 실수형 데이터로 저장된다.
2: 피트를 센티미터로 환산하는 수식이다.
3: 좌측에서부터 첫 번째 %0.1f의 위치에는 변수 feet가, 두 번째 %0.2f의 위치에는 변수 cm이 화면에 표시된다.

cm를 입력하면 feet로 변환하는 프로그램
○ 1 inch = 2.54 cm, ○ 1 feet = 12 inch

해결문제
P11

정수, 실수, 문자열 데이트를 저장하고 출력하는 프로그램
○ 저장 데이터 : 27, 3.75, "컴퓨터정보공학과"

실행
결과

정수형 : 27
실수형 : 3.75
문자열 : 컴퓨터정보공학과

문제해결을 위한 논리적 사고

적용
포인트

○ 정수형 데이터형 : int
○ 실수형 데이터형 : float
○ 문자열 데이터형 : str

적용예

n = 27
f = 3.75
s = "컴퓨터정보공학과"

적용 이론

T5. 데이터 유형(data type)

프로그래밍 언어에서는 메모리에 저장하는 데이터의 종류에 따라 구분하여 데이터를 저장하게 된다.

파이썬에서 사용되는 데이터형은 여러 가지가 있지만 중요한 3가지만 먼저 소개하면 정수형, 실수형, 문자열 데이터형이 있다.
정수형 데이터형은 int로 표현하고, n = 27과 같이 정수를 변수에 저장했을 때 이 데이터는 정수형 데이터가 된다.

실수형 데이터형은 float로 표현하고, f = 3.75와 같이 실수를 변수에 저장했을 때 이 데이터는 실수형 데이터가 된다.

문자열 데이터형은 str로 표현하고, s = "사과"와 같이 문자열을 변수에 저장했을 때 이 데이터는 문자열형 데이터가 된다.

문제 해결

여기에서는 정수형, 실수형, 문자열형 데이터를 변수에 저장하는 방법이 필요하다. 변수에 데이터를 저장하는 방식은 "변수명 = 데이터"의 형식을 사용한다.

예를 들면 n = 27과 같이 작성하면 이것은 27이란 데이터를 변수 n에 저장하라는 명령이 된다.

같은 방법으로 3.75를 저장하기 위한 명령어는 f = 3.75 이 되고, 지정된 문자열을 저장하는 방법은 s = "컴퓨터정보공학과"와 같이 작성하면 된다.

앞서 저장된 3개의 데이터를 출력하는 방법이 필요하다. 데이터를 출력하는 방법은 크게 2가지로서 n = 27 이 실행되어 있을 때 print(n)과 같이 변수명 n을 바로 표기하는 방법과 print("%d"%n)과 같이 특수문자 %를 이용하는 방법이 있다.

이 두 가지 방법 중 첫 번째 방법을 적용하면 다음과 같다.

```
print("정수형 : ",n)
print("실수형 : ",f)
print("문자열 : ",s)
```

두 번째 방법을 적용하면 다음과 같다.

```
print("정수형 : %d ₩n실수형 : %f ₩n문자열 : %s "%(n,f,s))
```

위의 두 가지 방법 중 개인적으로 편안한 방법을 사용하면 된다.

소스 코드

```
1: n = 27
2: f = 3.75
3: s = "컴퓨터정보공학과"
4: print("정수형 : %d ₩n실수형 : %f ₩n문자열 : %s "%(n,f,s))
```

1: 27이라는 정수형 데이터를 n이라는 변수에 저장한다. 이때 '='의 의미는 "우측에 있는 데이터를 좌측의 변수에 저장하라" 의 의미이다.

2: 3.75라는 실수형 데이터를 f라는 변수에 저장한다.

3: "컴퓨터정보공학과"라는 문자열 데이터를 s라는 변수에 저장한다.

4: 변수에 저장된 정수형, 실수형, 문자열 데이터를 출력한다. 여기서 정수형은 %d로, 실수형은 %f로 문자열형은 %s를 이용하여 변수에 저장된 내용을 출력한다.
각각에 해당되는 변수는 순서대로 n, f, s로 표기한다.

예제 P11-1	정수, 실수, 문자열을 입력받아 출력하는 프로그램
	○ input() 함수 이용

해결문제 P12	정수를 입력받아 2진수, 8진수, 16진수로 출력하는 프로그램

실행 결과	정수 입력 : 65 2진수 : 0b1000001 8진수 : 0b101 16진수 : 0x41

문제해결을 위한 논리적 사고

적용 포인트	○ 정수 ⇒ 2진수 변환 : bin(정수) ○ 정수 ⇒ 8진수 변환 : oct(정수) ○ 정수 ⇒ 16진수 변환 : hex(정수)

적용 이론

T6. 진법 변환 함수

정수를 2진수로 변환하는 함수는 기능은 bin() 함수가 제공한다. 예를 들면 bin(5)를 실행하면 그 결과는 5의 2진수인 101이 된다.

정수를 8진수로 변환하는 함수는 기능은 oct() 함수가 제공한다.

정수를 16진수로 변환하는 함수는 기능은 hex() 함수가 제공한다.

문제 해결

먼저 정수 입력 기능은 n = int (input("정수 입력 : "))과 같이 작성한다.

여기서 입력받은 정수(n에 저장)를 2진수, 8진수, 16진수로 변환해야 하므로 그 변환함수는 bin(n), oct(n), hex(n)과 같이 적용하여 출력하면 된다.

소스 코드

```
1: n = int(input("정수 입력 : "))
2: print(bin(n))
3: print(oct(n))
4: print(hex(n))
```

1: input() 함수를 이용하여 입력된 문자를 int() 함수를 이용하여 정수로 변환한 후 변수 n에 저장한다.

2: 변수 n에 저장된 정수값을 2진수로 변환하여 출력한다.

3: 변수 n에 저장된 정수값을 8진수로 변환하여 출력한다.

4: 변수 n에 저장된 정수값을 16진수로 변환하여 출력한다.

2진수를 입력하면 정수로 변환하는 프로그램
○ Hint : int("101" ,2) ⇒ 5

해결문제
P13

실수를 입력받아 정수로 형변환하는 프로그램

실행
결과

실수 입력 : 25.385
25.385000 => 25

문제해결을 위한 논리적 사고

적용
포인트

○ **실수형, 문자형 ⇒ 정수형으로 변환 : int()**
○ **정수형, 문자형 ⇒ 실수형으로 변환 : float()**

적용예

int(7.35) ⇨ **7**
float(5) ⇨ **5.0**

적용 이론

데이터 형변환 기능의 함수로 int() 함수와 float() 함수가 있다.
int() 함수는 문자열 또는 실수를 정수로 변환시키는 기능을 수행하고, float() 함수는 문자열 또는 정수를 실수로 변환시키는 기능을 한다. [T4. 데이터 형변환 참조]

문제 해결

먼저 실수 입력 기능은 f = float (input("실수 입력 : "))와 같이 작성한다. 여기서 float() 함수는 input() 함수를 이용해 입력받은 문자열을 실수로 변환시킨다.

실수를 정수로 변환하는 함수는 int() 함수로서 앞서 입력된 실수가 들어가 있는 변수 f를 정수로 변환하는 명령어는 int(f) 와 같이 된다.

```
1:  f = float( input("실수 입력 : ") )
2:  n = int(f)
3:  print("%f => %d"%(f,n))
```

1: input() 함수를 이용하여 입력된 문자를 float() 함수를 이용하여 실수로 변환한 후 변수 f에 저장한다.

2: 변수 f에 저장된 실수값을 정수형을 변환하여 변수 n에 저장한다.

3: 실수 출력을 위해 %f를 정수 출력을 위해 %d를 사용하여 변수 f와 n을 출력한다.

예제 P13-1	정수를 입력받아 실수로 형변환하는 프로그램

해결문제 P14	이름, 나이, 주소, 전화번호를 입력받아 출력하는 프로그램

실행 결과	이름 : 홍길동 나이 : 20 전화번호 : 010-1234-5678 주소 : 부산시 금정구 부곡3동 ==================== 이름 : 홍길동 나이 : 20세 전화번호 : 010-1234-5678 주소 : 부산시 금정구 부곡3동 ====================

문제해결을 위한 논리적 사고

적용 포인트	○ 문자열 출력 : %s 이용

적용 이론

문자열을 입력받는 기능은 input() 함수가 수행하고 정수를 입력받기 위해서는 input() 함수를 이용하여 문자열 형태로 입력된 데이터를 int() 함수를 이용하여 정수형으로 변환시켜줘야 한다. [T3. 입력문 참조]

문제 해결

이름, 전화번호, 주소는 문자열 데이터이므로 input() 함수를 사용하여 입력받는다.
즉 이름의 경우에는 name = input("이름 : ")와 같이 작성한다.
나이는 정수로서 나이를 입력 받는 경우에는 input() 함수를 이용해 입력받은 문자열을 int()
함수를 이용하여 정수로 변환시킨다. 이 경우는 age = int(input("이름 : "))과 같이 된다.
요구된 형태의 출력은 출력문인 print() 함수의 기능을 활용하여 적절히 구성한다. [T2. 문자와 변수를 출력하는 방법]

소스 코드

```
1:  name = input("이름 : ")
2:  age = int(input("나이 : "))
3:  phone = input("전화번호 : ")
4:  addr = input("주소 : ")
5:  print('=====================')
6:  print('이름 : %s     나이 : %d 세'%(name,age))
7:  print('전화번호 : %s'%phone)
8:  print('주소 : %s'%addr)
9:  print('=====================')
```

1: input() 함수를 이용하여 이름을 입력받아 변수 name에 저장한다.
2: input() 함수를 이용하여 나이를 입력받아 정수형으로 변환한 뒤 변수 age에 저장한다.

3: input() 함수를 이용하여 전화번호를 입력받아 변수 phone에 저장한다.

4: input() 함수를 이용하여 주소를 입력받아 변수 addr에 저장한다.

5: "=" 문자를 구분을 위해 필요한 만큼 출력한다.

6: %s와 %d를 이용하여 문자열인 이름과 정수형인 나이를 출력한다.

7: %s를 이용하여 전화번호를 출력한다.

8: %s를 이용하여 주소를 출력한다.

9: "=" 문자를 구분을 위해 필요한 만큼 출력한다.

예제 P14-1	이름, 학번, 국어, 영어, 수학 점수를 입력받아 인적사항과 총점, 평균을 출력하는 프로그램

해결문제 P15	두 개의 정수를 입력받아 사칙연산을 수행하는 프로그램
실행 결과	정수1 입력 : 25 정수2 입력 : 6 25+6 = 31 25-6 = 19 25x6 = 150 25/6 = 4.17

문제해결을 위한 논리적 사고

적용 포인트	○ 산술연산자-1 • 덧셈 : + • 뺄셈 : - • 곱셈 : * • 나눗셈 : /
적용예	7+5 ⇨ 12 7-5 ⇨ 2 7*5 ⇨ 35 7/5 ⇨ 1.4

적용 이론

T7. 산술연산자

산술 연산을 위해 사용되는 연산자는 다음과 같은 기호를 사용하여 수행한다.

표 1-3 **산술연산자**

명칭	연산자	연산 예
덧셈 연산자	+	17 + 5 ⇨ 22
뺄셈 연산자	–	17 – 5 ⇨ 12
곱셈 연산자	*	17 * 5 ⇨ 85
나눗셈 연산자	/	17 / 5 ⇨ 3.4
몫 연산자	//	17 // 5 ⇨ 3
나머지 연산자	%	17 % 5 ⇨ 2
제곱 연산자	**	2 ** 3 ⇨ 8

문제 해결

먼저 두 개의 정수 입력은 a = int(input("정수 입력 : "))과 같은 방법으로 2번 작성한다.
여기서 int() 함수는 input() 함수를 이용해 입력한 문자열을 정수로 변환한다.

다음으로 주어진 연산자를 이용하여 다음과 같이 사칙연산을 수행한다.

  a = n1+n2

  b = n1–n2

  c = n1*n2

  d = n1/n2

구해진 결과값을 저장하고 있는 변수인 a, b, c, d를 print() 함수를 이용하여 출력한다.

```
1:  n1=int(input('정수1 입력 : '))
2:  n2=int(input('정수2 입력 : '))
3:  a = n1+n2
4:  b = n1-n2
5:  c = n1*n2
6:  d = n1/n2
7:  print('%d+%d = %d'%(n1,n2,a))
8:  print('%d-%d = %d'%(n1,n2,b))
9:  print('%dx%d = %d'%(n1,n2,c))
10: print('%d/%d = %0.2f'%(n1,n2,d))
```

1~2: input() 함수를 이용하여 입력된 문자를 int() 함수를 이용하여 정수로 변환한 후 변수 n1, n2에 저장한다.

3~6: 사칙연산을 수행하여 그 결과값을 a, b, c, d 변수에 저장한다.

7~10: 연산의 형태와 연산 결과값을 print() 함수를 이용하여 출력한다. 여기서 10번 라인의 %0.2f는 실수의 소수부분에 대해 소수점 둘째 자리까지만 출력한다는 것을 의미한다.

예제 P15-1 두 변수 a와 b를 입력받아 a에 대한 b의 거듭제곱을 구하는 프로그램

해결문제 P16 두 정수 n1과 n2를 입력받아 n1÷n2 연산의 몫과 나머지를 출력하는 프로그램

실행 결과
정수1 입력 : 23
정수2 입력 : 5
23/5의 몫 : 4
23/5의 나머지 : 3

문제해결을 위한 논리적 사고

○ 산술연산자-2
• 몫 연산자 : // • 나머지 연산자 : %

13//3   ⇨   4
13%3   ⇨   1

적용 이론

나눗셈을 수행한 이후 몫을 구하는 연산자는 **//** 기호로 그리고 나머지를 구하는 연산자는
% 기호로 정의되어 있다. [T7. 산술연산자 참조]

문제 해결

먼저 두 개의 정수 입력은 P15와 동일하다.

다음으로 주어진 연산자를 이용하여 다음과 같이 몫과 나머지 연산을 수행한다.

e = n1//n2

f = n1%n2

구해진 결과값을 저장하고 있는 변수인 e, f를 print() 함수를 이용하여 출력한다.

소스 코드

```
1:  n1=int(input('정수1 입력 : '))
2:  n2=int(input('정수2 입력 : '))
3:  e = n1//n2
4:  f = n1%n2
5:  print('%d/%d 의 몫 : %d'%(n1,n2,e))
6:  print('%d/%d 의 나머지 : %d'%(n1,n2,f))
```

1~2: input() 함수와 int() 함수를 이용하여 2개의 정수를 입력받는다. 파이썬에서 문자열
의 표기는 " " 또는 ' ' 로 사용이 가능하다.

3: 곱 연산을 수행하여 그 결과를 변수 e에 저장한다.

4: 나머지 연산을 수행하여 그 결과를 변수 f에 저장한다.

5~6: 연산의 형태와 연산 결과값을 print() 함수를 이용하여 출력한다.

예제 P16-1

두 변수 a와 b를 입력받아 각각 홀수인지 짝수인지 구별하는 프로그램

해결문제 P17

반지름을 입력하면 원의 면적을 출력하는 프로그램

실행 결과

반지름 입력 : 2.3
반지름이 2.30인 원의 면적 : 16.619

문제해결을 위한 논리적 사고

적용 포인트

○ 문자열을 실수로 변환 : float(문자열)

○ %0.3f ⇨ 실수를 소수점 3자리까지만 표기

적용예

pi = "3.141592"   ☞ 모양은 숫자지만 문자열로 인식(연산 불가)
a=float(pi) ⇨ 3.141592   ☞ 연산이 가능한 실수로 인식
print("0.3f"%a)   ☞ 3.141을 출력함

적용 이론

input() 함수에 의해 입력된 데이터는 숫자이더라도 이것은 문자열로 인식한다. 따라서 이 문자열을 실수로 변환하기 위해 사용되는 함수가 float() 함수이다. [T4. 데이터 형변환 참조]

문제 해결

먼저 원의 반지름을 실수로 입력받아야 한다. input() 함수를 이용하여 입력된 데이터를 실수

로 변환하기 위해 float() 함수를 적용하면 그 결과는 r = float(input('반지름 입력 : '))과 같다.

반지름이 입력되면 원의 면적을 구하기 위해서 파이값이 필요하기 때문에 그 값을 변수 pi에 저장해 두고 원의 면적을 구하는 공식 즉, 반지름x반지름x파이를 적용하면 area = r*r*pi과 같이 된다.

이어서 구해진 결과값을 저장하고 있는 변수인 area를 print() 함수를 이용하여 출력한다.

소스 코드

```
1:  r = float(input('반지름 입력 : '))
2:  pi = 3.141592
3:  area = r*r*pi
4:  print('반지름이 %.2f인 원의 면적 : %.3f'%(r,area))
```

1:   input() 함수와 float() 함수를 이용하여 실수를 입력받는다.
2:   연산에 필요한 파이 값을 변수 pi에 저장해 둔다.
3:   원의 면적을 구하는 식을 적용하여 수식을 만들고 연산 결과를 변수 area에 저장한다.
4:   연산 결과인 변수 area를 print() 함수를 이용하여 출력한다.

예제 P17-1	반지름을 입력하면 원의 둘레를 출력하는 프로그램

해결문제 P18	국어, 영어, 수학 점수를 입력받아 총점과 평균을 구하는 프로그램

실행 결과	국어 : 89 영어 : 82 수학 : 87 총점 : 248 평균 : 82.7

문제해결을 위한 논리적 사고

○ 총점 및 평균 계산

총점 = 국어+영어+수학

평균 = 총점/과목수

tot = kor + eng + math

avg = tot / 3.0   ☞ 나눗셈의 제수(분모)는 실수로 표기하는 것을 권장

적용 이론

총점을 구하기 위해 3과목 점수를 모두 더하는 산술 연산과 평균을 구하기 위해 총점 나누기 과목수 연산을 수행한다.

문제 해결

먼저 국어 점수를 정수로 입력을 받기 위해 input() 함수와 int() 함수를 이용하여 kor = int(input('국어 : '))와 같이 작성하고 영어, 수학 점수도 동일한 방법으로 입력받는 코드를 작성한다.

총점을 구하기 위해 3과목을 모두 더하고, 평균을 구하기 위해 총점에 과목수 즉 3.0을 나눈다.

소스 코드

```
1:  kor = int( input('국어 :  ') )
2:  eng = int( input('영어 :  ') )
3:  math = int( input('수학 :  ') )
4:  tot = kor+eng+math
5:  avg = tot/3.0
6:  print('총점 : %d  평균 : %.1f '%(tot,avg))
```

1~3: input() 함수와 int() 함수를 이용하여 3과목의 점수를 입력받는다.

　4: 3과목을 모두 더해서 총점을 구한다.

5: 총점에 3을 나누어서 평균을 구한다.

6: 연산 결과인 변수 tot, avg를 print() 함수를 이용하여 출력한다.

예제 P18-1	국어, 영어, 수학 점수를 입력받아 분산을 구하는 프로그램
	○ 분산 : $\dfrac{(k-u)^2 + (e-u)^2 + (m-u)^2}{3}$ k:국어, e:영어, m:수학, u:평균

해결문제 P19	다음 산술식을 계산하는 프로그램
	○ $\dfrac{35 + 4 \times 24}{14} \times \dfrac{13 + 15}{7}$

실행 결과	연산 결과 : 37.43

문제해결을 위한 논리적 사고

적용 포인트	○ 연산자 우선순위 : ( ) > ** > *, /, %, // > +, -

적용예	(35+4*24)/14*(13+15)/7

적용 이론

T8. 연산자 우선순위

파이썬에서 수식 연산을 실행하는데 있어서 연산자에 대한 우선순위가 주어져 있다. 한 예를 들면 곱셈, 나눗셈 연산자는 덧셈, 뺄셈 연산자보다 먼저 계산을 수행한다. 여기서 곱셈과 나눗셈 연산자 또는 덧셈과 뺄셈 연산자는 우선순위가 동일하기 때문에 왼쪽부터 순서대로 실행하게 된다. 모든 연산에 적용되는 연산자 우선순위는 다음 표와 같다.

표 1-4 연산자 우선순위

우선순위	연산자	설명
1	()	괄호
2	**	지수 연산자
3	*, /, %, //	곱셈, 나눗셈, 나머지, 몫
4	+, −	덧셈, 뺄셈

여기서 괄호, 즉 ( ) 안의 내용은 어떤 경우라도 가장 먼저 연산을 수행한다.

여기서 잠깐　　**연산자 종류 확인**

[표 1-4. 연산자 우선순위]에서 소개한 연산자 종류 외에 다양한 연산자가 존재하니, 반드시 연산자의 종류를 확인해 볼 필요가 있습니다. 예를 들면, **비트 시프트 연산자(>>), (<<), 비트 AND 연산자(&), 비트 OR 연산자(OR), 비트 XOR 연산자(^)** 등이 있습니다.

문제 해결

주어진 수식을 연산자 우선순위에 맞추어서 올바른 연산을 수행하기 위한 수식을 작성하면 (35+4*24)/14*(13+15)/7와 같다.

여기서 첫 번째 괄호의 의미는 분수 전체에 대한 나누기 14이기 때문에 괄호가 필요하다. 만일 괄호를 하지 않으면 35+ (4*24/14) 형태의 계산이 이루어지기 때문에 계산 오류가 발생한다.

소스 코드

```
1:  ans = (35+4*24)/14.0*(13+15)/7.0
2:  print("연산 결과 : %0.2f"%ans)
```

1: 주어진 산술식을 수행하는 코드를 연산자 우선순위에 맞게 작성하여 계산하고 그 결과를 변수 ans에 저장한다.
2: 연산 결과를 print() 함수를 이용하여 출력한다.

다음 산술식을 계산하는 프로그램

○ $\dfrac{(3\times4)^3+4}{34\times6}\times\dfrac{133}{3^4+5}$

연산 결과 : 13.13

정수 a, b, c를 입력받아 다음 산술식을 계산하는 프로그램

○ $\dfrac{a+3c}{2b}\times\dfrac{2a+b}{c}$

정수 1 입력 : 1
정수 2 입력 : 2
정수 3 입력 : 3
연산 결과 ans = 3.33

문제해결을 위한 논리적 사고

○ 변수가 포함된 수식 작성
분모에 있는 2b의 경우 (2*b)의 형태로 꼭 괄호가 필요함.
➪ 괄호를 생략하면 계산 오류 발생

(a+3*c)/(2*b)*(2*a+b)/c

적용 이론

연산자 우선순위 개념을 이용하여 변수를 포함한 수식 작성 시 수와 변수의 곱의 형태인 3a 형태로 표현된 수식은 반드시 3*a와 같이 곱셈 연산자를 넣어서 표기하여야 한다. 이 경우 곱셈 연산자를 생략하면 실행 에러가 발생한다.

또한 분모가 몇 개의 수와 변수로 구성되어 있을 경우에는 반드시 분모 전체에 대한 괄호가 필요하다. 여기서 괄호를 생략하면 계산 오류가 발생한다.

계산 오류의 경우 실행 에러가 아니기 때문에 잘못된 부분을 찾아내기가 매우 어렵기 때문에 수식 작성 시에 잘 작성하도록 해야한다. [T8. 연산자 우선순위]

문제 해결

input() 함수와 int() 함수를 이용하여 세 개의 정수를 입력받아 변수 a, b, c에 저장하고 이들 변수가 포함된 수식을 연산자 우선순위에 맞추어 작성하면 (a+3*c)/(2*b)*(2*a+b)/c와 같이 표현된다.

소스 코드

```
1:  a = int(input("정수a 입력  : "))
2:  b = int(input("정수b 입력  : "))
3:  c = int(input("정수c 입력  : "))
4:  ans = (a+3*c)/(2.0*b)*(2*a+b)/c
5:  print("연산 결과 ans = %0.2f"%ans)
```

1~3: 세 개의 정수를 입력한다. 여기서 int() 함수는 input() 함수의 결과를 정수로 바꾸어 주는 기능을 수행하고 바꾸어진 정수값이 각각의 변수에 저장된다.

4: 변수가 포함된 주어진 수식을 연산자 우선순위를 적용하여 계산하고 그 결과를 변수 ans에 저장한다.

5: 연산 결과인 변수 ans을 요구사항에 맞춰서 출력한다.

예제 P20-1

정수 a, b, c를 입력받아 다음 산술식을 계산하는 프로그램

$$\frac{a+(b\times c)^3}{ac}\times\frac{3}{b^4}$$

연산 결과 : 7.88

해결문제 P21

섭씨 온도를 화씨 온도로 변환하는 프로그램

$F = C \times 1.8 + 32$ F : 화씨 온도,   C : 섭씨 온도

실행 결과

섭씨 온도(oC) 입력 : 24.0
섭씨 온도 24.0 oC => 화씨 온도 75.2 oF

적용 포인트	○ 주어진 수식을 프로그램에 적용하는 방법 이해
적용예	C*1.8 + 32

적용 이론

주어진 문제가 특정 관계식을 표현하고 있다면 이 수식을 파이썬에서의 연산자 우선순위 개념을 적용하여 수식을 작성하면 된다. [T8. 연산자 우선순위]

문제 해결

섭씨 온도를 실수로 입력받아 주어진 계산식으로 연산을 수행함으로써 화씨 온도 값을 구하여 그 결과를 출력하면 된다.

섭씨 온도 입력은 실수값으로 입력받는 것으로 되어있기 때문에 input() 함수와 float() 함수를 이용하여 표현하면 F = C*1.8 + 32와 같이 표현된다.

소스 코드

```
1:  C = float(input('섭씨 온도(oC) 입력 : '))
2:  F = C*1.8 + 32
3:  print('섭씨온도 %0.1f oC  => 화씨온도 %0.1f oF'%(C,F))
```

1: 섭씨 온도를 실수로 입력받는다. 여기서 float() 함수는 input() 함수의 결과를 실수로 바꾸어 주는 기능을 수행하고 바꾸어진 실수값이 변수 C에 저장된다.
2: 섭씨 온도를 화씨 온도로 변환하는 계산을 수행하여 변수 F에 저장한다.
3: 연산 결과인 변수 C를 요구사항에 맞춰서 출력한다.

화씨 온도를 섭씨 온도로 변환하는 프로그램

○ $C = \dfrac{(F-32)}{1.8}$

화씨 온도(oF) 입력 : 101

=> 섭씨 온도 38.3 oC

체질량지수(BMI) 계산 프로그램

○ $BMI = \dfrac{w}{h^2} \times 100^2$ w : 체중(kg),   h : 키(cm)

**실행
결과**

키(cm) 입력 : 170
몸무게(Kg) 입력 : 66.5
키 : 170.0 cm, 체중 66.5 kg
  => BMI = 23.01

문제해결을 위한 논리적 사고

**적용
포인트**

○ 주어진 수식을 프로그램에 적용하는 방법 이해
○ 제곱 연산자 : **

적용예

w/h**2*100**2

적용 이론

주어진 문제가 제시한 특정 관계식을 연산자 우선순위 개념을 적용하여 수식을 작성하면 된
다. [T8. 연산자 우선순위]

제곱 연산자는 ** 기호를 사용하여 거듭제곱을 계산한다. 예를 들어 5^3을 표현하기 위해 제
곱 연산자를 적용하면 5**3과 같이 표현된다. [T7. 산술연산자 참조]

문제 해결

input() 함수와 float() 함수를 이용하여 키와 몸무게를 실수로 입력받는 코드를 작성한다. 주어진 수식을 구현하는 코드를 작성하면 w/(h*h)*100**2와 같이 표현된다.

소스 코드

```
1:  h = float(input('키(m) 입력 : '))
2:  w = float(input('몸무게(kg) 입력 : '))
3:  BMI = w/(h*h)*100**2
4:  print('키 : %0.1f cm, 체중 %0.1f kg '%(h,w))
5:  print(' => BMI = %0.2f'%BMI)
```

1~2: input() 함수와 float() 함수를 이용하여 키와 몸무게를 실수로 입력받는다.

3: BMI 계산식을 산술 연산자를 이용하여 구성하고 계산 결과를 변수 BMI에 저장한다.

4~5: 연산 결과인 변수 BMI를 요구사항에 맞춰서 출력한다.

예제 P22-1	초를 입력하면 초에 해당되는 시, 분, 초를 출력하는 프로그램	
	○ 1일 = 86400초	시간입력(초) : 98765 98765초 => 1일 3시간 26분 5초

해결문제 P23	두 정수 a, b를 입력받아 a가 b보다 크면 True 를 아니면 False 를 출력하는 프로그램	
실행 결과	정수a 입력 : 7 정수b 입력 : 3 7 > 3 => True	정수a 입력 : 2 정수b 입력 : 5 2 > 5 => False

문제해결을 위한 논리적 사고

적용 이론

T9. 관계 연산자

관계 연산자는 연산자 좌우의 수나 식의 관계를 판단하는 연산자이다. 그 좌우의 식의 관계가 옳으면 True라는 결과를 옳지 않으면 False라는 결과를 출력으로 넘겨준다.

예를 들어 5>3 이라는 관계식은 5가 3보다 크다는 의미를 나타내는 것으로 이 관계식은 옳은 경우이다. 따라서 이 관계식의 연산 결과는 True라는 결과를 넘겨준다.

여기서 넘겨준다는 의미는 이 식을 실행하면 그 결과는 True라는 그 자체를 의미한다.

이것을 이해하기 위해 다음의 예제를 살펴보자.

print(5>3)을 실행하면 그 결과는 True가 출력되어 나온다.

이러한 관계식을 구성하는 중요한 연산자인 관계 연산자는 다음 표와 같다.

표 1-5 관계 연산자

관계 연산자	의미	사용 예
>	크다	8>4 ⇨ [결과] True
<	작다	8<4 ⇨ [결과] False
>=	크거나 같다	6>=6 ⇨ [결과] True
<=	작거나 같다	3<=6 ⇨ [결과] True
==	같다	5==3 ⇨ [결과] False
!=	같지않다(다르다)	4!=2 ⇨ [결과] True

문제 해결

input() 함수와 int() 함수를 이용하여 두 정수 a, b를 입력받는 코드를 작성한다.

그리고 "a가 b보다 크다"는 관계식 즉 a>b라는 관계식을 작성하고 그 결과를 출력한다.

소스 코드

```
1:  a = int(input('정수a 입력 : '))
2:  b = int(input('정수b 입력 : '))
3:  r = a>b
4:  print('%d > %d => '%(a,b),r)
```

1~2: input() 함수와 int() 함수를 이용하여 정수 a, b를 입력받는다.

3:   관계식 a>b를 실행하여 그 결과를 변수 r에 저장한다.

4:   연산 결과인 변수 r을 실행 결과에 표시된 것과 동일한 형태로 결과를 출력한다.

예제 P23-1	정수 a와 b를 입력받아 a가 b보다 크거나 같으면 True를 작으면 False를 출력하는 프로그램

해결문제 P24	두 정수 a, b를 입력받아 두 수가 같으면 True를 서로 다르면 False를 출력하는 프로그램

실행 결과	정수a 입력 : 12 정수b 입력 : 32 12와 32는 같다 => True	정수a 입력 : 12 정수b 입력 : 7 12와 7는 같다 => False

문제해결을 위한 논리적 사고

적용 포인트	■ 관계식 표현 ○ a==b ⇨ 변수 a와 b가 같다 ○ a!=b ⇨ 변수 a와 b가 서로 다르다

적용예	7 == 5 ⇨ False 4 != 8 ⇨ True

적용 이론

관계 연산자 중에 "연산자 좌우의 수가 같다"를 표현하는 연산자는 "=="이다. [T9. 관계 연산자 참조]

문제 해결

input() 함수와 int() 함수를 이용하여 두 정수 a, b를 입력받는 코드를 작성한다.
그리고 "a와 b가 서로 같다"는 관계식 즉 a==b라는 관계식을 작성하고 그 결과를 출력한다.

소스 코드

```
1:  a = int(input('정수a 입력 : '))
2:  b = int(input('정수b 입력 : '))
3:  r = a==b
4:  print('%d > %d => '%(a,b),r)
```

1~2: input() 함수와 int() 함수를 이용하여 정수 a, b를 입력받는다.

3: 관계식 a==b를 실행하여 그 결과를 변수 r에 저장한다.

4: 연산 결과인 변수 r을 실행 결과에 표시된 것과 같은 형태로 출력한다.

예제 P24-1	정수 a와 b를 입력받아 같은지 여부를 c에 저장 후 출력하는 프로그램

해결문제 P25	정수를 입력받아 60 이상이면 True를 그렇지 않으면 False를 출력하는 프로그램
실행 결과	정수 입력 : 77 77은 60이상? => True	정수 입력 : 51 51은 60이상? => False

문제해결을 위한 논리적 사고

■ 관계식 표현

○ 변수 n이 60 이상 ⇨ n>=60

n=77
print(n>=60) ⇨ True

적용 이론

관계 연산자 중에 "변수 n이 60 이상"을 표현하는 관계식은 n>=60과 같다. [T9. 관계 연산자 참조]

문제 해결

input() 함수와 int() 함수를 이용하여 정수 n을 입력받는 코드를 작성한다.

그리고 "n이 60 이상"는 관계식 즉 a>=b라는 관계식을 작성하고 그 결과를 출력한다.

소스 코드

```
1:  n = int(input('정수 입력 : '))
2:  ans = n>=60
3:  print('%d은 60이상? =>  '%n,ans)
```

1: input() 함수와 int() 함수를 이용하여 정수 n을 입력받는다.

2: 관계식 n>=60를 실행하여 그 결과를 변수 ans에 저장한다.

3: 연산 결과를 실행 결과에 표시된 것과 같은 형태로 출력한다.

정수를 입력받아 100이면 True를 그렇지 않으면 False를
출력하는 프로그램

해결문제
P26

정수를 입력받아 짝수이면 True를 그렇지 않으면 False를
출력하는 프로그램

실행
결과

정수 입력 : 12	정수 입력 : 9
12는 짝수? => True	9는 짝수? => False

문제해결을 위한 논리적 사고

적용
포인트

■ 관계식 표현
  ○ 짝수 ⇨ 2로 나누어서 나머지가 0 ⇨ n%2==0
  ○ 홀수 ⇨ 2로 나누어서 나머지가 1 ⇨ n%2==1

적용예

```
n=8
ans = n%2==0
print(ans)  ⇨  True
```

적용 이론

관계 연산자 중에 "변수 n이 짝수"를 표현하는 관계식은 n%2==0와 같다. [T9. 관계 연산자 참조]

문제 해결

input() 함수와 int() 함수를 이용하여 정수 n을 입력받는 코드를 작성한다.
그리고 "변수 n이 짝수"라는 관계식 즉 n%2==0라는 관계식을 작성하고 그 결과를 출력한다.

소스 코드

```
1:  n = int(input('정수 입력 : '))
2:  ans = n%2==0
3:  print('%d는 짝수? => '%n,ans)
```

1: input() 함수와 int() 함수를 이용하여 정수 n을 입력받는다.

2: 관계식 n%2==0를 실행하여 그 결과를 변수 ans에 저장한다.

3: 연산 결과를 실행 결과에 표시된 것과 같은 형태로 출력한다.

예제 P26-1	정수를 입력받아 홀수이면 True를 그렇지 아니면 False를 출력하는 프로그램

해결문제 P27	정수를 입력받아 짝수이거나 3의 배수이면 True를 그렇지 않으면 False를 출력하는 프로그램

실행 결과	정수 입력 : 15 14는 짝수 또는 3의 배수? => True

문제해결을 위한 논리적 사고

적용 포인트	▣ 관계식 표현 ○ 짝수 또는 3의 배수 ⇨ n%2==0 or n%3==0

적용예	n=9 ans = n%2==0 or n%3==0 print(ans) ⇨ True

적용 이론

T10. 논리 연산자

논리 연산자는 True와 False로 판정되는 두 개의 논리값을 대상으로 하는 연산자이다. 즉 2개의 관계식을 대상으로 논리를 적용하는 연산자라 할 수 있다. 그래서 그 결과도 True와 False로 결정된다. 논리 연산자의 종류와 의미는 다음과 같다.

표 1-6   논리 연산자

연산자	의미	사용 예
or	두 식 중 하나만 참이면 전체 논리식이 참	8<4 or 8>4 ⇨ True
and	두 식 모두 참인 경우에만 전체 논리식이 참	8<4 and 8>4 ⇨ False
not	관계식의 결과의 반대	not 5>6 ⇨ True

여기서 or 연산자의 모든 경우에 대한 연산 결과는 다음과 같다.

표 1-7   or 연산

좌항	연산자	우항	or 연산 결과
True	or	True	True
True	or	False	True
False	or	True	True
False	or	False	**False**

and 연산자의 모든 경우에 대한 연산 결과는 다음과 같다.

표 1-8   and 연산

좌항	연산자	우항	and 연산 결과
True	and	True	True
True	and	False	**False**
False	and	True	**False**
False	and	False	**False**

관계 연산자 중에 "변수 n이 짝수 또는 3의 배수"를 표현하는 관계식은 n%2==0 or n%3==0 와 같다. [T9. 관계연산자 참조]

문제 해결

input() 함수와 int() 함수를 이용하여 정수 n을 입력받는 코드를 작성한다.
그리고 "변수 n이 짝수 또는 3의 배수"라는 관계식 즉 n%2==0 or n%3==0라는 관계식을
작성하고 그 결과를 출력한다.

소스 코드

```
1:  n = int(input('정수 입력 : '))
2:  ans = (n%2==0 or n%3==0)
3:  print('%d는 짝수? => '%n,ans)
```

1: input() 함수와 int() 함수를 이용하여 정수 n을 입력받는다.
2: 관계식 n%2==0 or n%3==0를 실행하여 그 결과를 변수 ans에 저장한다.
여기서 괄호는 생략 가능하다.
3: 연산 결과를 실행 결과에 표시된 것과 같은 형태로 출력한다.

예제 P27-1	정수 a를 입력받아 5보다 크면 True를 그렇지 않다면 False를 출력하는 프로그램

해결문제 P28	정수를 입력받아 5의 배수가 아닌 짝수이면 True를 그렇지 않으면 False를 출력하는 프로그램
실행 결과	정수 입력 : **26** 26은 5의 배수가 아닌 짝수? => True

문제해결을 위한 논리적 사고

적용 포인트	■ 관계식 표현
	○ 5의 배수가 아닌 짝수 ⇨ n%5!=0 and n%2==0

적용 이론

먼저 "변수 n이 5의 배수가 아닌 짝수"를 표현하는 관계식을 작성해야 한다. 여기서 "5의 배수가 아닌 짝수"의 의미는 짝수 중에서 5의 배수는 제외한다는 의미이다. 그러므로 "짝수"와 "5의 배수가 아닌 정수"가 모두 성립이 되어야 한다. 즉, 두 관계식이 and로 연결되어야 한다. [T10. 논리 연산자 참조]

따라서 위의 사항을 종합하면 [문제 해결]을 위한 관계식은 n%5!=0 and n%2==0와 같다. [T9. 관계연산자 참조]

문제 해결

input() 함수와 int() 함수를 이용하여 정수 n을 입력받는 코드를 작성한다.

그리고 "변수 n이 짝수 또는 3의 배수"라는 관계식 즉 n%2==0 and n%3==0라는 관계식을 작성하고 그 결과를 출력한다.

소스 코드

```
1:  n = int(input('정수 입력 : '))
2:  ans = (n%2==0 and n%5!=0)
3:  print('%d는 5의 배수가 아닌 짝수? => '%n,ans)
```

1: input() 함수와 int() 함수를 이용하여 정수 n을 입력받는다.

2: 관계식 n%2==0 and n%5!=0를 실행하여 그 결과를 변수 ans에 저장한다.

3: 연산 결과를 실행 결과에 표시된 것과 같은 형태로 출력한다.

예제 P28-1	**정수를 입력받아 3의 배수가 아닌 홀수이면 True를 그렇지 않으면 False를 출력하는 프로그램**

3

조건문

제5장   조건문

- 해결 문제 (P29~P50) / 실행결과 / 적용 포인트 / 적용예
- 적용 이론 / 문제 해결 / 소스 코드
- 예제 (P29-1~P49-1)

3부에서는 if~else 의 조건문에 대해서 배워 봅니다. 프로그래밍 코딩을 하다 보면 어떤 데이터나 숫자에 대해서 조건에 따라 다른 명령을 수행할 수 있습니다. 이럴 때 어떤 조건에 따라 실행이 분기되도록 하는 기준이 되는 식을 조건문이라고 합니다. 다양한 조건문을 이용하여 해결해야 될 문제에 대한 실행결과와 핵심 포인트가 무엇인지 그리고 적용예시를 통하여 문제 해결에 대한 소스 코드를 직접 작성을 해 봅니다.

정수를 입력받아 이 수가 0인지 여부를 판단하는 프로그램

**실행
결과**

정수 입력 : 0
입력된 정수는 0입니다.

정수 입력 : 7

문제해결을 위한 논리적 사고

**적용
포인트**

■ **if문**
　○ 형식 : **if 조건식 :**
■ **관계식(조건식) 표현**
　○ 변수 n이 0이다 ⇨ **n==0**

적용예

if n==0 :
　print("0 입니다.")

적용 이론

T11. if문

파이썬에서 판단문인 if문의 형식은 다음과 같다.

if 조건식 :
　문장1

if문은 **조건식**이 참인 경우에는 **문장1**을 실행하고 거짓인 경우에는 **문장1**을 실행하지 않는다.
또한 if문은 ' : '으로 마감하게 되어 있으며 이것을 생략하면 문법오류(Syntax Error) 즉 에러가 발생하게 된다.
if문에 소속된 **문장1**은 1 Tap을 들여쓰기로 작성을 시작해야 if문에 소속된 명령어로 잘 인식하게 되고 if문의 기능을 적용받게 된다.

문제 해결

주어진 문제에서는 입력받은 정수가 0인지 여부를 판단하는 것이 가장 중요한 사항이다. 입력받은 정수를 변수 n에 저장하였다면 변수 n이 0인지 여부를 판단하는 조건식은 다음과 같다.

n==0

여기서 기호 "'=='은 관계 연산자로서 좌항과 우항이 서로 같으면 이 조건식의 연산 결과는 참(True)으로 결정된다. 따라서 정수 n이 0인지 여부를 판단하는 코드는 다음과 같다.

if n==0" :
   print('입력된 정수는 0입니다.')

만일 이 조건식이 참이면 if문에 소속된 문장이 실행된다. 만일 거짓이면 이 문장은 실행되지 않는다.

조건식 작성에 필요한 관계 연산자는 〈, 〈=, == 등이 있다. 【표 1-5. 관계 연산자 참조】

관계 연산자를 사용한 조건식의 연산 결과는 'True' 또는 'False' 둘 중 하나로 결정된다.

소스 코드

```
1:  n = int(input('정수 입력 : '))
2:  if n==0 :
3:  print('입력된 정수는 0입니다. ')
```

1: 정수의 입력은 input() 함수를 사용한다. ()안의 표기되어 있는 문자열인 "정수 입력"은 input() 함수가 실행될 때 화면상에 표시되는 문자열이다.

input("정수 입력 : ")을 실행하면 화면에 "정수 입력 : "이라는 문구가 출력되고 프롬프트가 깜박이게 된다. 이때 입력할 문자를 입력하면 입력된 내용이 반영된다.

input() 함수로 입력된 내용은 문자형으로 인식하게 된다.

int() 함수는 문자형을 정수형으로 전환시키는 기능을 하는 함수이다.

2: 변수 n이 0인지 여부를 판단하는 조건식. 조건식이 참이면 즉 n이 0이면 if()문에 소속된 문장을 실행한다.

   if(n==0) : 의 형식으로 기술하는 것도 가능하다.

3: 처리된 결과를 출력한다.

예제 P29-1	정수를 입력받아 이 수가 0이 아닌지 여부를 판단하는 프로그램

[hint] if문을 이용하는 2가지 분류를 처리하는 방법 구현

⇨ if~else문 적용[참고 P41]

해결문제 P30	점수를 입력받아 60점 이상이면 합격을, 그 미만이면 불합격을 판정하는 프로그램 ○ 점수 범위 : 0~100	
실행 결과	점수 입력(0~100) : 77 합격입니다.	점수 입력(0~100) : 54 불합격입니다.

문제해결을 위한 논리적 사고

적용 포인트	■ if ~ else문 ○ 형식 : if 조건식 : else : ■ 조건식 표현 ○ 60점 이상 ⇨ n>=60

적용예	if n>=60 :
	    print("합격 입니다.")
	else :
	    print("불합격 입니다.")

T12. if~else문

파이썬에서 판단문인 if ~ else문의 형식은 다음과 같다.

```
if 조건식 :
    문장1
else :
    문장2
```

if문은 조건식이 참인 경우에는 **문장1**을 실행하고 거짓인 경우에는 **문장2**를 실행한다.

if문과 else문은 ' : ' 으로 마감하게 되어 있으며, 이것을 생략하면 에러가 발생하게 된다.

if ~ else문에서 else문은 조건식을 쓰지 않는다. 왜냐하면 else문의 의미가 "if에서의 조건식이 아닌 경우"의 의미이기 때문이다.

if문과 else문에 소속된 명령어는 1 Tap을 들여쓰기로 해서 작성을 해야 소속된 명령어로 인식하게 된다.

문제 해결

주어진 문제에서는 입력받은 점수가 60점 이상인지 미만인지 판단하는 것이 가장 중요한 사항이다. 입력받은 점수를 변수 n에 저장하였다면 변수 n이 60점 이상인지 여부를 판단하는 조건식은 다음과 같다.

    n>=60

여기서 기호 '>=' 은 관계 연산자로서 좌항이 우항보다 크거나 같으면 이 조건식의 연산 결과는 참(True)으로 결정된다. 따라서 정수 n이 60점 이상인지 여부를 판단하는 코드는 다음과 같다.

```
if n>=60 :
    print('합격입니다.')
else :
    print('불합격입니다.')
```

만일 이 조건식이 참이면 if문에 소속된 문장인 print('합격입니다.')가 실행된다. 만일 거짓이면 else문에 소속된 문장인 print('불합격입니다.')가 실행된다.

조건식 작성에 필요한 관계 연산자는 앞에서 기술된 **표 1-5[P33]**를 참고한다.

소스 코드

```
1:  n = int(input('점수 입력 : '))
2:  if n>=60 :
3:      print('합격입니다. ')
4:  else :
5:      print('불합격입니다. ')
```

1: 점수의 입력은 input() 함수를 사용한다. [T3. 입력문 참조]
2: 변수 n이 60점 이상인지 여부를 판단하는 조건식. 조건식이 참이면 즉 n이 60점 이상 이면 if문에 소속된 문장을 실행하고 거짓이면 else문에 소속된 문장을 실행한다.
3: if문에 소속된 명령어로서 조건식이 참인 경우 실행된다.
4: 조건식이 참이 아닌 경우, 즉 거짓인 경우 소속 명령어를 실행시키는 구문이다.
5: else문에 소속된 명령어로서 조건식이 거짓인 경우 실행된다.

예제 P30-1	정수를 입력받아 이 수가 한자리 수인지 여부를 판단하는 프로그램

[hint] 입력된 수(n)가 한자리 수인지를 판단하는 조건식
⇨ 0<=n<10

해결문제 P31	두 정수 a, b를 입력받아 같거나 큰 수를 출력하는 프로그램

실행 결과	정수1 입력 : 44 정수2 입력 : 22 44가 큰 수입니다.	정수1 입력 : 12 정수2 입력 : 25 25가 큰 수입니다.

적용 포인트	■ if ~ else문 적용 ■ 조건식 표현 　○ a가 b보다 크거나 같다 ⇨ a>=b
적용예	if a>=b : 　　print(a,"가 큰 수입니다.") else : 　　print(b,"가 큰 수입니다.")

적용 이론

파이썬에서 판단문인 if~else문의 형식을 적용하여 문제를 해결한다. [T12. if ~ else문 참조]

문제 해결

입력받은 두 정수를 a, b라 하면 a, b 중에서 같거나 큰 수가 어느 것인지를 판단하는 것이 가장 중요한 포인트이다.

a, b 중에서 크거나 같은 수를 판단하는 조건식은 a)=b 이다.

여기서 기호 ')=' 은 관계 연산자[T9. 관계 연산자 참조]이다.

여기서 정수 a, b 중에서 크거나 같다는 것을 판단하는 코드는 다음과 같다.

　　if a)=b :

　　　print("%d가 큰 수입니다."%a)

　　else :

　　　print("%d가 큰 수입니다."%b)

만일 a)=b이 참이면 if문에 소속된 문장인 print("%d가 큰 수입니다."%a)가 실행되고, 만일 거짓이면 else문에 소속된 문장인 print("%d가 큰 수입니다."%b)가 실행된다.

여기서 **"적용예"**에서 사용된 print문과 **"[2]문제해결"**에서 사용된 print문은 모양이 조금 다르게 나타나는데, 이 두 방법은 모두 사용 가능한 것으로 그 결과는 동일하다.

다른 생각

여기서 적용된 코드는 다음 코드와 같이 적용해도 동일한 결과가 생성된다.

```
if a>=b :
    max=a
else :
    max=b
print("%d가 큰 수입니다."%max)
```

이 두 방법이 모두 같은 결과를 산출하지만 프로그래머 입장에서는 이 중 효율적인 코드를 채택할 필요가 있다.

코딩을 기반으로 문제해결을 수행하는 경우 다양한 방법이 있을 수 있다. 이 경우 어느 한 가지 방법으로만 해결하면 된다고 생각하는 것보다 다른 방법이 있는지 생각해 보고 여러 가지 가능한 방법을 모두 이해하고 그중 가장 효율적인 방법을 적용해서 최종 문제를 해결한다는 마인드가 필요하다.

소스 코드

```
1: n = int(input('점수 입력 : '))
2: if n>=60 :
3:     print('합격입니다. ')
4: else :
5:     print('불합격입니다. ')
```

1: 점수의 입력은 input() 함수를 사용한다. [T3. 입력문 참조]
2: 변수 n이 60점 이상인지 여부를 판단하는 조건식. 조건식이 참이면 즉 n이 60점 이상이면 if문에 소속된 문장을 실행하고 거짓이면 else문에 소속된 문장을 실행한다.
3: if문에 소속된 명령어로서 조건식이 참인 경우 실행된다.
4: 조건식이 참이 아닌 경우, 즉 거짓인 경우 소속 명령어를 실행시키는 구문이다.
5: else문에 소속된 명령어로서 조건식이 거짓인 경우 실행된다.

두 정수 a, b를 입력받아 두 수의 곱이 100이상 인지를 판단하는 프로그램

[hint] 입력된 두 수 **a, b**의 곱이 100이상 인지를 판단하는 조건식

⇨　a*b>=100

해결문제 P32	양의 정수를 입력받아 짝수인지 홀수인지를 판단하는 프로그램

실행 결과	양의 정수 입력 : **12** 12는 짝수입니다.	양의 정수 입력 : **19** 19는 홀수입니다.

문제해결을 위한 논리적 사고

적용 포인트	▣ if ~ else문 적용 ▣ 조건식 표현 　○ 짝수 ⇨ 2로 나눠서 나머지가 0인 수　⇨ n%2==0

적용예	n=5 if n%2==0 :

적용 이론

짝수 여부를 판단하기 위해서는 **if~else**문을 적용해야 하고 여기서 관계 연산자를 이용하여 조건식을 작성해야 한다. [T9. 관계 연산자 참조][T12. if~else문 참조]

문제 해결

input() 함수와 int() 함수를 이용하여 양의 정수를 입력받는 코드는 n = int (input('양의 정수 입력 :'))과 같이 작성할 수 있다. 여기서 int() 함수는 input() 함수를 통해 입력받은 문자열을 정수로 변환시키는 기능을 수행한다.

다음으로 필요한 것이 짝수 여부 판단이다. 짝수란 구슬이 여러 개 있을 때 모든 구슬을 2개씩 짝을 지었을 때 하나도 남는 것이 없이 모두 2개씩 짝지어지면 이 구슬의 개수에 해당하는 수는 짝수가 된다. 이것을 수학적으로 표현하면 정수 n을 2로 나누었을 때 나머지가 0이면 이 수는 짝수이다.

따라서 이 내용을 관계식으로 표시하면 n%2==0과 같이 된다.

이 관계식을 조건식으로 하여 if문을 구성하면 if n%2==0 : 과 같이 표현할 수 있다.

소스 코드

```
1:  n = int(input('양의 정수 입력 : '))
2:  if n%2==0 :
3:      print('%d는 짝수입니다.'%n)
4:  else :
5:      print('%d는 홀수입니다.'%n)
```

1: input() 함수와 int() 함수를 이용하여 양의 정수를 입력받는다.

2: 짝수 여부를 판단하는 조건식. 이 조건식이 참이면 if에 소속된 문장을 실행하고 거짓이면 else에 소속된 문장을 실행하게 된다.

3: 변수 n의 값을 표시하고 "짝수입니다."를 출력한다. print(n,'는 짝수입니다.')와 같이 작성하는 것도 가능하다.

4: else문으로서 조건식이 거짓일 때 소속 명령어가 실행하게 되는 구문이다. else문은 조건식이 없는 것이 특징이다.

해결문제 P33	시간(0~23)을 입력받아 오전인지 오후인지를 판별하는 프로그램
실행 결과	시간 입력(0~24) : 11 11시는 오전입니다. 　 시간 입력(0~24) : 19 19시는 오후입니다.

문제해결을 위한 논리적 사고

적용 포인트	■ if ~ else문 적용 ■ 조건식 표현 ○ 0 이상 12 미만 ⇨ 0 <= n <12
적용예	if 0<= n < 12 : print('오전입니다.')

적용 이론

주어진 조건식을 판단하기 위해서는 if~else문을 적용해야 하고 여기서 관계 연산자를 이용하여 조건식을 작성해야 한다. [T9. 관계 연산자 참조][T12. if~else문 참조]

문제 해결

0~24 사이의 시간을 입력받는 코드는 hour = int (input(시간 입력(0~24) :'))과 같이 작성하면 된다.

오전은 0시부터 낮 12시 이전까지를 의미한다. 따라서 시간 단위로 표시하자면 0 ~11시 까지가 오전이 된다. 따라서 오전 시간을 판별하기 위한 조건식은 0 <= hour < 12 와 같이 표현할 수 있다.

이 관계식을 조건식으로 하여 if문을 구성하면 if 0<=hour<12 : 와 같이 표현할 수 있다.

소스 코드

```
1:  hour = int(input('시간 입력(0~23) : '))
2:  if 0<=hour<12 :
3:    print('%d시는 오전입니다.'%hour)
4:  else :
5:    print('%d는 오후입니다.'%hour)
```

1: input() 함수와 int() 함수를 이용하여 양의 정수를 입력받는다.

2: 오전 시간을 구하는 조건식. 이 조건식이 참이면 if에 소속된 문장을 실행하고 거짓이면 else에 소속된 문장을 실행하게 된다.

3: if문이 참인 경우 실행되는 문장으로 "오전입니다."를 출력한다.

4: else문으로서 조건식이 거짓일 때 소속 명령어가 실행하게 되는 구문이다.

5: if문이 거짓인 경우 실행되는 문장으로 "오후입니다."를 출력한다.

예제 P33-1	P33 문제에서 24시도 입력이 가능한 것으로 한 경우에 대해서도 작동하는 프로그램 ○ 오전 : 0~11, 24 시

해결문제 P34	정수를 입력받아 절대값을 구하는 프로그램

실행 결과	정수 입력 : 5 절대값 : 5	정수 입력 : -9 절대값 : 9

문제해결을 위한 논리적 사고

적용 포인트	▣ 변수 n의 부호 변경 ○ n = n*(-1) ○ n = -n

적용예	if n<0 : n = n*(-1)

적용 이론

정수값이 저장되어 있는 임의의 변수 n의 부호를 바꾸는 방법은 원래 값 즉 n에다 -1을 곱해주면 된다. 따라서 n = n*(-1) 과 같이 표현할 수 있다.

다른 방법으로는 -n 과 같이 변수 자체에 -를 붙이는 방법도 인정이 된다.

문제 해결

절대값은 크기를 표시하는 개념으로 음수가 없다. 즉 음수인 경우에는 그 크기인 양수값만 취하여 표시하는 개념이다. 즉 -7의 절대값은 7이다. 또한 7의 절대값도 당연히 7이다. 여기서는 변수 n에 들어가 있는 임의의 수의 절대값을 구하는 방법이 필요하다.

여기서 n은 임의의 수이므로 양수도 될 수 있고 음수도 될 수 있다.

따라서 변수 n의 절대값은 n의 값이 양수인 경우와 음수인 경우에 대해 다르게 적용된다. 변수 n이 양수이면 그 절대값은 그대로 n이다. 음수이면 그 절대값은 변수 n의 "-" 부호를 제거하면 되는데 이 경우 산술적으로는 -1을 곱하면 된다. 즉 n*(-1)과 같이 표현하면 된다. 간단히 정리하면 n의 절대값은 n이 양수이면 그대로 n이고, 음수이면 n*(-1) 또는 -n이 절대값이다. 이것을 if문을 이용하여 표현할 때 생각해봐야 할 것은 n이 양수면 변화없이 n이 절대값 이므로 이것은 그대로 놔두면 된다. 즉 n이 음수일 때만 필요한 처리를 하면 되기 때문에 if문 적용 시에도 이 사항을 반영하면

```
if n<0 :
    n=n*(-1)
```

과 같이 표현이 가능하다.

소스 코드

```
1:  n = int(input('정수 입력 : '))
2:  if n<0 :
3:      n=n*(-1)
4:  print('절대값 : ',n)
```

1: input() 함수와 int() 함수를 이용하여 양의 정수를 입력받는다.
2: 변수 n이 음수이면 소속된 명령어를 실행한다. 변수의 부호를 반대로 변환한다.
3: 변수 n의 부호를 반대로 변환한다.
4: 결과값을 출력한다.

정수를 입력받아 0~100 값이면 [정상 데이터]를
그렇지 않으면 [데이터 입력 오류]를 출력하는 프로그램

실행
결과

정수 입력 : 79
정상 데이터

정수 입력 : -9
데이터 입력 오류

문제해결을 위한 논리적 사고

적용
포인트

■ 조건식 표현

○ 0~100까지의 정수? ⇨ 0 <= n <= 100

적용예

```
if 0 <= n <= 100 :
    print('정상데이터')
```

적용 이론

변수 n이 0~100까지의 정수 값인지를 판단하는 조건식은 0 <= n <= 100 과 같이 작성할 수 있고 이것을 적용하기 위해서는 if~else문을 사용해야 한다. [T9. 관계연산자 참조]

문제 해결

입력받은 정수 n이 0~100사이의 정수인지를 판별하는 조건식을 작성하고, 그 조건식을 if ~ else문에 적용해야 한다. [T12. if~else문 참조]

소스 코드

```
1:  n = int(input('정수 입력 : '))
2:  if 0<=n<=100 :
3:     print('정상 데이터')
4:  else :
5:     print('데이터 입력 오류')
```

1: input() 함수와 int() 함수를 이용하여 정수를 입력받는다.

2: 변수 n이 0이상, 100이하 이면 조건식은 참이 되고 소속 문장을 실행한다.

3: if문 소속 문장으로서 조건식이 참이면 "정상 데이터"라는 문구를 출력한다.

4: else문으로서 조건식이 거짓인 경우 소속 문장을 실행한다.

5: else문 소속 문장으로서 조건식이 거짓이면 "데이터 입력 오류"라는 문구를 출력한다.

해결문제 P36	정수를 입력받아 5의 배수이거나 7의 배수이면 [Yes!]를 그렇지 않으면 [No!]를 출력하는 프로그램		
실행 결과	정수 입력 : 14 Yes!	정수 입력 : 15 Yes!	정수 입력 : 16 No!

문제해결을 위한 논리적 사고

적용 포인트	■ 조건식 표현 ○ 5의 배수 ⇨ n%5==0　　○ 7의 배수 ⇨ n%7==0 ○ 5의 배수이거나 7의 배수　⇨　n%5==0 or n%7==0
적용예	if n%5==0 or n%7==0 : 　　print('Yes!')

적용 이론

"5의 배수"란 의미는 5로 나누어서 나머지가 0이란 의미로서 그 조건식은 n%5==0과 같이 표현할 수 있다.

"5의 배수이거나 7의 배수"란 의미는 5의 배수여도 참이고 7의 배수여도 참이라는 의미이다. 즉 5의 배수와 7의 배수 둘 중 하나라도 만족되면 전체 조건식이 참이된다 라는 논리로서 이것은 논리 연산자 or에 해당된다.

따라서 이 조건식은 n%5==0 or n%7==0과 같이 작성할 수 있다. [T9. 관계연산자 참조][T10. 논리 연산자 참조]

문제 해결

입력받은 "변수 n이 5의 배수이거나 7의 배수" 인지에 대한 조건식은 n%5==0 or n%7==0 과 같다. 이 조건식을 if ~ else문에 적용하면 if n%5==0 or n%7==0 : 과 같이 표현할 수 있고, 이 조건식이 참이면 "Yes!"를 출력하고, 거짓이면 "No"를 출력하면 된다. [T12. if~else문 참조]

소스 코드

```
1:  n = int(input('정수 입력 : '))
2:  if n%5==0 or n%7==0 :
3:      print('Yes!')
4:  else :
5:      print('No!')
```

1: input() 함수와 int() 함수를 이용하여 정수를 입력받는다.
2: 변수 n이 5의 배수 또는 7의 배수이면 이 조건식은 참이 되고 소속 문장을 실행한다.
3: if문 소속 문장으로서 조건식이 참이면 "Yes!"라는 문구를 출력한다.
4: else문으로서 조건식이 거짓인 경우 소속 문장을 실행한다.
5: else문 소속 문장으로서 조건식이 거짓이면 "No!"라는 문구를 출력한다.

해결문제 P37	차량 번호판의 숫자 4자리와 오늘 날짜를 입력받아 끝자리가 일치하면 [운행 불가]를 그렇지 않으면 [운행 가능]을 출력
실행 결과	차량 번호(4자리) 입력 : 1234 오늘 날짜 입력 : 14 운행 불가! 차량 번호(4자리) 입력 : 5678 오늘 날짜 입력 : 14 운행 가능!

문제해결을 위한 논리적 사고

적용 포인트	■ **조건식 표현** ○ **차량 번호(p) 끝자리 추출** ⇨ **p%10** ○ **오늘 날짜(d) 끝자리 추출** ⇨ **d%10** ○ **차량 번호와 날짜의 끝자리 비교** ⇨ **p%10 == d%10**
적용예	**if p%10 == d%10 :** **print('운행 불가!')**

적용 이론

1234라는 숫자의 끝자리(여기서는 4) 수를 획득하는 방법은 10으로 나누어서 나머지를 구하면 된다. 즉, 1234%10 과 같이 표현할 수 있다. 이것을 변수 p에 들어가 있는 미지의 숫자에 적용한다고 하면 p%10과 같이 적용하면 된다.

따라서 차량 번호(p)의 끝자리와 오늘 날짜(d)의 끝자리가 같은지를 표현하는 조건식은 p%10==d%10 과 같이 표현할 수 있다. [T9. 관계 연산자 참조]

문제 해결

먼저 차량 번호(p)와 오늘 날짜(d)를 입력받아 각각 끝자리 값(p%10, d%10)을 획득하여 그 두 개의 수가 같은지를 판단하는 조건식 표현하면 p%10==d%10과 같다.

이 조건식을 if문에 적용하면 if p%10==d%10 : 과 같이 표현할 수 있고 여기에서의 조건식이 참이면 "운행 불가!"를 거짓이면 "운행 가능!"을 출력하는 if~else문 형식을 적용하면 된다. [T12. if~else문 참조]

소스 코드

```
1:  p = int(input('차량 번호(4자리) 입력 : '))
2:  day = int(input('오늘 날짜 입력 : '))
3:  if p%10==day%10 :
4:     print('운행 불가!')
5:  else :
6:     print('운행 가능!')
```

1: input() 함수와 int() 함수를 이용하여 차량 번호 4자리 수를 입력받아 변수 p에 저장한다.

2: input() 함수와 int() 함수를 이용하여 오늘 날짜를 입력받아 변수 day에 저장한다.

3: 차량 번호 끝자리와 날짜의 끝자리가 같은지를 판단하는 if문으로 참이면 소속 문장을 실행한다.

4: if문 소속 문장으로서 조건식이 참이면 "운행 불가!"라는 문구를 출력한다.

5: else문으로서 조건식이 거짓인 경우 소속 문장을 실행한다.

6: else문 소속 문장으로서 조건식이 거짓이면 "운행 가능!"이라는 문구를 출력한다.

해결문제 P38	정수를 입력받아 양수, 음수, 0을 판별하는 프로그램
실행 결과	정수 입력 : 12 12은 양수입니다. 　　정수 입력 : -6 -6은 음수입니다. 　　정수 입력 : 0 0입니다.

문제해결을 위한 논리적 사고

적용 포인트	■ if ~ elif ~ else문 ○ 형식 : if 조건식 : 　　　　　elif 조건식 : 　　　　　else :
| 적용예 | ```
if n>0 :
    print('양수')
elif n<0 :
    print('음수')
else:
    print('0')
``` |
```

적용 이론

T13. if~elif~else문

파이썬에서 판단문인 if~elif~else문의 형식은 다음과 같다.

```
if 조건식 :
    문장1
elif 조건식 :
    문장2
else :
    문장3
```

이 경우의 if문은 조건식이 참인 경우에는 **문장1**을 실행하고 거짓인 경우에는 elif의 조건식을 판단하여 참이면 **문장2**를 실행하고 이 조건식도 거짓이면 비로소 else문을 실행한다.
여기서도 else문은 "위 의 조건들 이외"의 의미가 있기에 조건식은 없다.
if~elif~else문의 경우에는 가운데에 있는 elif문은 필요한 경우 계속해서 추가하여 적용할 수 있다.

양수는 0보다 큰 수이기 때문에 양수의 조건식은 n>0과 같이 표현할 수 있고, 음인 경우에는 n<0과 같이 표현할 수 있다. 이 외의 수는 0이기 때문에 0은 else로 처리하면 된다.
이러한 판단 형태는 바로 if~elif~else문의 구조와 동일하기 때문에 이 문장을 적용하면 된다.

문제 해결

입력받은 변수 n이 양수인지, 음수인지, 0인지를 판단하는 문제로서 세 가지의 부류를 판단하는 명령어는 if~elif~else문이 적절하다.
양수를 판단하는 조건식은 n>0이고, 음수를 판단하는 조건식은 n<0 이기 때문에 if~elif~else문을 적용하면,

```
if n>0 :
elif n<0 :
else :
```

과 같은 형태로 표현할 수 있다. 여기서 각각 소속 문장을 표시하면 된다.

소스 코드

```
1:  n = int(input('정수 입력 : '))
2:  if n>0 :
3:      print('%d은 양수입니다.'%n)
4:  elif n<0 :
5:      print('%d은 음수입니다.'%n)
6:  else :
7:      print('0입니다.')
```

1: input() 함수와 int() 함수를 이용하여 정수를 입력받아 변수 n에 저장한다.

2: 변수 n이 0보다 크면 조건식은 참이 되어 소속 문장을 실행한다.

3: if문 소속 문장으로서 조건식이 참이면 "양수입니다."라는 문장을 출력한다.

4: elif문으로서 n이 0보다 작으면 참이 되어 소속 문장을 실행한다.

5: elif문 소속 문장으로서 조건식이 참이면 "음수입니다."라는 문장을 출력한다.

6: else문으로서 위의 두 조건들이 모두 거짓이면 소속 문장을 실행한다.

7: else문 소속 문장으로서 위의 두 조건들이 모두 거짓이면 "0입니다."이라는 문장을 출력한다.

해결문제 P39	두 정수 a, b를 입력받아 이 중 큰 수는 a에 작은수는 b에 저장하고 변수 a, b를 출력하는 프로그램	
실행 결과	정수a 입력 : 5 정수b 입력 : 9 a=9 b=5	정수a 입력 : 12 정수b 입력 : 8 a=12 b=8

문제해결을 위한 논리적 사고

적용 포인트	**▣ 두 변수 a, b의 값의 교환** 　○ t = a 　　 a = b 　　 b = t
적용예	a = 5 b = 7 t = a a = b b = t print(a,b)　　⇨　7 5

적용 이론

두 변수의 값을 서로 교환하는 방법을 a=b를 실행하고 b=a를 실행하는 방법은 오류가 발생한다. 왜냐하면 첫 번째 명령어를 실행하면서 b의 데이터를 a에 저장하면서 a에 있던 데이터가 덮어쓰기에 의해 삭제되기 때문이다. 이어서 두 번째 명령어를 실행하면 a에 덮어쓰기에 의해 저장되어 있던 b의 값이 다시 b에 저장되어 결과적으로는 원래 a의 값은 소멸되고 a, b 모두에 b의 값만이 저장되기 때문이다.

따라서 첫 번째 문장을 실행하기 전에 a에 저장되어 있는 값을 안전한 장소에 저장해 둬야 하는데 이 과정은 임의의 변수 t를 두고 여기에 a의 값을 임시로 저장해 두는 것이다.

그러면 t=a와 같이 표기되는데 이 상태에서 a=b를 실행하면 a 값은 안전한 t에 들어가 있게 되고, 이후 b=a 대신에 b=t를 실행하면 된다. 이상의 내용을 정리하여 변수 a, b의 값을 서로 교환하는 코드는

```
t=a
a=b
b=t
```

과 같이 표현할 수 있다.

문제 해결

int() 함수, input() 함수를 이용하여 두 정수를 변수 a, b에 입력 받는다. 문제의 요구사항은 a, b에 입력된 두 정수 중 큰 값이 a에 다시 저장되고, 작은 값은 b에 저장되게 하는 것

이다.

만일 처음 입력된 값이 a가 b보다 크다면 그냥 그대로 요구사항을 만족하게 된다.

따라서 b가 a보다 큰 경우만 서로 값을 바꾸면 된다.

따라서 b가 a보다 큰 경우에 대한 조건식 b>a을 if문에 적용하면 if b>a :과 같이 표현된 [소스 코드]를 보면, 아래와 같다.

소스 코드

```
1:  a = int(input('정수a 입력 : '))
2:  b = int(input('정수b 입력 : '))
3:  if b>a :
4:     temp = a
5:     a = b
6:     b = temp
7:  print('a=%d   b=%d'%(a,b))
```

1~2: input() 함수와 int() 함수를 이용하여 정수를 입력받아 변수 a, b에 저장한다.

3: b가 a 보다 크면 참이 되고 이 경우 소속 문장을 실행한다.

4~6: if문 소속 문장으로서 조건식이 참이면, temp라는 임의의 변수를 이용하여 a, b의 내용을 서로 교환한다.

7: 변수 a, b의 값을 출력한다.

해결문제 P40	나이를 입력하면 다음 표와 같은 요금이 출력되는 프로그램

분류	나 이	요금
청소년 요금	19세 미만	1,500
성인 요금	19세 이상, 65세 미만	2,000
경로우대 요금	65세 이상	1,000

| 나이 입력 : 18 | 나이 입력 : 35 |
| 청소년 요금 적용 : 1,500 | 성인 요금 적용 : 2,000 |

문제해결을 위한 논리적 사고

적용
포인트

■ 조건식 표현

○ 19세 미만 ⇨ age<19
○ 19세 이상, 65세 미만 ⇨ 19<=age<65
○ 65세 이상 ⇨ age>=65

적용예

```
if age<19 :
elif   19<=age<65 :
else:
```

적용 이론

세 가지 분류에 대한 판단은 if~elif~else문을 적용한다. 여기서 19세 이상, 65세 미만에 대한 조건식은 age>=19 and age<65 와 같이 표현이 가능하고, 이것을 조금 더 단순하게 표현하면 19<=age<65와 같이 표현할 수 있다. [T10. 논리 연산자 참조][T13. if~elif~else문 참조]

문제 해결

나이를 변수 age에 입력받는다. 문제에서 요구 사항은 나이별로 분류해서 요금을 적용하는 것이다. 먼저 "19세 미만"에 대한 조건식은 age<19와 같이 표현하고, "19세 이상, 65세 미만"에 대한 조건식은 19<=age<65와 같이 표현이 가능하다. 그리고 "65세 이상"에 대한 조건식은 age>=65와 같이 표현된다. 이 세 가지 조건 중 두 가지를 이용하여 if~elif~else문을 적용하여 분류별 요금을 출력한다.

소스 코드

```
1:  age = int(input('나이 입력 : '))
2:    if age<19 :
```

```
3:    print('청소년 요금 적용 : 1,500원')
4: elif 19<=age<65 :
5:    print('성인 요금 적용 : 2,000원')
6: else :
7:    print('경로우대 요금 적용 : 1,000원')
```

1: input() 함수와 int() 함수를 이용하여 나이를 입력받아 변수 age에 저장한다.

2: 변수 age가 19 미만이면 조건식은 참이 되고 소속 문장을 실행한다.

3: if문 소속 문장으로서 조건식이 참이면 "청소년 요금 적용 : 1,500원"을 출력한다.

4: 변수 age가 19 이상, 65 미만이면 조건식은 참이 되고 소속 문장을 실행한다.

5: elif문 소속 문장으로서 elif 조건식이 참이면 "성인 요금 적용 : 2,000원"을 출력한다.

6: else문으로서 위의 두 조건식이 모두 거짓이면 소속 문장을 실행한다.

7: else문 소속 문장으로서 위의 두 조건식이 모두 거짓이면 "경로우대 요금 적용 : 1,000 원"을 출력한다.

| 해결문제 P41 | 키와 몸무게를 입력하면 BMI지수에 따른 체질량지수를 분류하시오. $BMI = \dfrac{w}{h^2} \times 100^2$ |

체질량지수(BMI) 기준

분류	BMI
저체중	0 ~ 18.4
정상체중	18.5 ~ 22.9
과체중	23 ~ 24.9
비만	25 ~ 29.9
고도비만	30 이상

| 실행 결과 | 키(cm) 입력 : 170
몸무게(kg) 입력 : 62
BMI 지수 : 21.5 => 정상체중 | 키(cm) 입력 : 170
몸무게(kg) 입력 : 68.7
BMI 지수 : 23.8 => 과체중 |

문제해결을 위한 논리적 사고

적용 포인트	■ **조건식 표현** ○ 저 체중　　0~18.4　⇨　0<=BMI<18.5 ○ 정상 체중　18.5~22.9　⇨　18.5<=BMI<23 ○ 과 체중　　23~24.9　⇨　23<=BMI<25 ○ 비만　　　25~29.9　⇨　25<=BMI<30 ○ 고도 비만　30이상　⇨　BMI>=30
적용예	**if BMI<18.5 :** **elif　BMI<23 :** **elif　BMI<25 :** **elif　BMI<30 :** **else:**

적용 이론

세 가지 이상의 분류에 대한 판단은 if~elif~else문을 적용하여 elif문을 필요한 만큼 추가하면 된다. 여기서 제시된 체질량지수(BMI) 기준표는 다소 불확실한 부분이 보이는데, 예를 들면 0~18.4 영역과 18.5~22.9 영역 사이의 구간이다. 실수에 대한 경우 18.4와 18.5 사이에 불연속 구간이 존재하게 된다. 따라서 이 같은 경우에는 0<=BMI<18.5 영역과 18.5<=BMI<23 영역으로 구분하는 것이 합리적인 것으로 판단된다. 이렇게 영역을 구분하면 적용이 안되는 실수값은 없어지게 된다. 나머지 영역에 대한 구분도 유사한 방법으로 적용하는 것이 필요하다.

체질량지수(BMI) 기준

분류	BMI
저체중	0 ~ 18.4
정상체중	18.5 ~ 22.9
과체중	23 ~ 24.9
비만	25 ~ 29.9
고도비만	30 이상

문제 해결

키(cm)와 몸무게(kg)를 실수로 입력받아 변수 h, w에 저장한다. 이어서 이 변수들을 포함한 체질량지수(BMI) 수식을 구성하여 체질량지수(BMI) 값을 계산한다.

구해진 체질량지수(BMI) 값을 체질량지수(BMI) 분류표에 맞춰 분류할 수 있도록 각 구간에 대한 조건식을 구하고 그 조건식을 if~elif~else문에 두 번 추가하여 최종적으로 5개의 영역에 대해 분류가 이루어지도록 하면 된다.

여기서 if문은

　　　if 0〈=BMI〈18.5 :

　　　elif 18.5〈=BMI〈23 :

　　　elif 23〈=BMI〈25 :

　　　elif 25〈=BMI〈30 :

　　　else :

와 같이 적용하여 표현할 수 있다. 이와 같은 표현은

　　　if 　BMI〈18.5 :

　　　elif 　BMI〈23 :

　　　elif 　BMI〈25 :

　　　elif 　BMI〈30 :

　　　else :

와 같이 간략화하여 표현할 수도 있다.

소스 코드

```
 1: h = float(input('키 입력(cm) : '))
 2: w = float(input('몸무게 입력(kg) : '))
 3: BMI=(w/h**2)*100**2
 4: print('BMI = %0.1f  => '%BMI)
 5: if BMI<18.5 :
 6:    print('저체중')
 7: elif BMI<23 :
 8:    print('정상체중')
 9: elif BMI<25 :
10:    print('과체중')
11: elif BMI<30 :
12:    print('비만')
13: else :
14:    print('고도 비만')
```

1~2: input() 함수와 float() 함수를 이용하여 키와 몸무게를 입력받아 h, w에 저장한다.

3: 체질량지수(BMI) 지수를 계산한다.

4: 계산된 체질량지수(BMI) 지수값을 출력한다.

5: 체질량지수(BMI) 지수를 분류하는 if문이다. 먼저 BMI가 18.5보다 작으면 조건식은 참이 되고 소속 문장을 실행한다.

6: if문의 소속 문장으로 조건식이 참이면 "저체중"을 출력한다.

7: elif문으로서 BMI가 23보다 작으면 조건식은 참이 되고 소속 문장을 실행한다.

8: elif문의 소속 문장으로 elif문의 조건식이 참이면 "정상 체중"을 출력한다.

9: elif문으로서 BMI가 25보다 작으면 조건식은 참이 되고 소속 문장을 실행한다.

10: elif문의 소속 문장으로 elif문의 조건식이 참이면 "과체중"을 출력한다.

11: elif문으로서 BMI가 30보다 작으면 조건식은 참이 되고 소속 문장을 실행한다.

12: elif문의 소속 문장으로 elif문의 조건식이 참이면 "비만"을 출력한다.

13: else문으로서 위의 모든 조건식이 거짓이면 소속 문장을 실행한다.

14: else문의 소속 문장으로 위의 모든 조건식이 거짓이면 "고도 비만"을 출력한다.

해결문제 P42	국어, 영어, 수학 점수(0~100)를 입력받아 각 과목당 점수 40점 이상, 평균 60점 이상이어야 합격으로 판정하는 프로그램	
실행 결과	국어 : 50 영어 : 50 수학 : 80 합격입니다.	국어 : 40 영어 : 40 수학 : 40 불합격입니다.

문제해결을 위한 논리적 사고

적용 포인트	■ 조건식 표현 ○ 과목당 점수 40점 이상, 평균 60점 이상 ⇨ k>=40 and e>=40 and m>=40 and avg>=60
적용예	```if k>=40 and e>=40 and m>=40 and avg>=60 :``` ``` print('합격입니다.')```

적용 이론

문제에서 각 과목당 점수 40점 이상, 평균 60점 이상이라는 말은 국어, 영어, 수학 세 과목 각각이 40점 이상이어야 하고, 그리고 평균도 60점 이상이어야 한다는 말로써 "주어진 4개의 조건이 모두 충족이 되어야 된다" 라는 의미이다.

따라서 모든 조건이 충족되어야 전체 조건식이 참이 되는 논리 연산자는 and로써 주어진 4개의 관계식이 모두 and로 연결되어야 한다는 것을 의미하고, 이것은 k>=40 and e>=40 and m>=40 and avg>=60과 같이 표현할 수 있다. [T10. 논리 연산자 참조]

문제 해결

국어, 영어, 수학 점수를 입력받아 변수 k, e, m에 각각 저장한다. 이들을 이용하여 총점을 구하고 총점을 총 과목수로 나누어 구해진 평균값을 변수 avg에 저장한다.

[적용 이론]에서 구해진 조건식을 사용하여 if~else문을 구성하여 조건식이 참일 경우 "합격입니다."를 거짓일 경우 "불합격입니다."를 출력한다. [T12. if~else문 참조]

소스 코드

```
1:  k = int(input('국어 : '))
2:  e = int(input('영어 : '))
3:  m = int(input('수학 : '))
4:  avg = (k+e+m)/3.0
5:  if k>=40 and e>=40 and m>=40 and avg>=60 :
6:      print('합격입니다.')
7:  else :
8:  print('불합격입니다.')
```

1~3: input() 함수와 int() 함수를 국어, 영어, 수학 점수를 입력 받는다.

4: 세 과목 점수의 평균을 구해 변수 avg에 저장한다.

5: if문으로서 조건식이 참(각 과목이 40점 이상이고 평균이 60점 이상)이면 소속 문장을 실행한다.

6: if문 소속 문장으로서 조건식이 참이면 "합격입니다."라는 문구를 출력한다.

7: else문으로서 조건식이 거짓인 경우 소속 문장을 실행한다.

8: else문 소속 문장으로서 조건식이 거짓이면 "불합격입니다."라는 문구를 출력한다.

해결문제 P43	정수(1~9999)를 입력받아, 이 수가 몇 자리 수인지 판별하는 프로그램	
실행 결과	정수 입력(1~9999) : 79 두자리 수	정수 입력(1~9999) : 6815 네자리 수
	문제해결을 위한 논리적 사고	
적용 포인트	▣ if ~ elif ~ else문 사용 ▣ 세자리 정수라는 제한된 사항 활용	
적용예	``` n=10 if n<10 : print('한자리 수') ```	

적용 이론

임의 정수 n이 몇 자리 수인지를 판정하려면 10으로 몇 번이 나누어지는지를 보면 판단할 수 있다. 그러나 여기서는 반복문을 사용할 수가 없기 때문에 주어진 제약조건을 활용한다. 즉 1~9999 사이의 숫자는 한자리수, 두자리수, 세자리수, 네자리수 밖에 없다. 이 사항을 이용하여 분류하면 10보다 작은수, 100보다 작은수, 1000보다 작은수, 10000보다 작은수와 같이 4개의 영역으로 분류할 수 있다. 이것을 조건식으로 해서 if문을 적용한다. [T13. if~eli~else문 참조]

문제 해결

먼저 정수(1~9999)를 입력받아 변수 n에 저장하고, 이 수를 4개의 영역으로 분류한다. 먼저 "10보다 작은 수"는 n<10과 같이 표현되고 이것은 바로 "한자리수"가 된다.

"100보다 작은 수"는 n<100과 같이 표현되고 이것은 바로 "두자리수"가 되고,
"1000보다 작은 수"는 n<1000과 같이 표현되고 이것은 바로 "세자리수"가 되고,
"10000보다 작은 수"는 n<10000과 같이 표현되고 이것은 바로 "네자리수"가 된다.
이것을 if문에 적용하여 문제를 해결한다.

소스 코드

```
1:  n = int(input('정수 입력(1~9999) : '))
2:  if n<10 :
3:      print('한자리 수')
4:  elif n<100 :
5:      print('두자리 수')
6:  elif n<1000 :
7:      print('세자리 수')
8:  else :
9:      print('네자리 수')
```

1: input() 함수와 int() 함수를 이용하여 정수 n을 입력받는다.

2: if문으로써 조건식 즉 "n이 10보다 작으면" 참이 되고 이 경우 소속 문장이 실행된다.

3: if문 소속 문장으로 조건식이 참이면 "한자리수"를 출력한다.

4~7: elif문으로써 조건식 참이면 소속 문장이 실행된다.

8: else문으로써 위의 모든 조건식이 거짓이면 소속 문장이 실행된다.

9: else문 소속 문장으로서 위의 모든 조건식이 거짓이면 "네자리수'를 실행한다.

예제 P43-1	P43에서 1~9999 이외의 숫자가 입력되었을 때 "입력 오류!" 란 문구를 출력하는 프로그램

해결문제 P44	세 정수를 입력받아 최대값을 구하는 프로그램

문제해결을 위한 논리적 사고

적용 포인트	■ if ~ elif ~ else문 사용 ■ 조건식 표현 　○ 세 정수 중 a가 최대값 ⇨ a>=b and a>=c

적용예	if a>=b and a>=c : 　　print('최대값 : %d '%a)

적용 이론

세 정수 중 최대값을 구하는 경우 특정 값이 나머지 값들보다 더 크면 최대값이 된다. a, b, c 세 정수 중 최대값을 구하는 방법은 a가 b보다 크고, a가 c보다 크면 a가 최대값이 된다. 즉 a>b and a>c와 같이 표현하면 a가 최대값이 된다.

같은 방법으로 b가 최대값인 경우는 b>a and b>c와 같이 표현되고 또 c가 최대값인 경우에는 c>a and c>b와 같이 표현하면 된다. 여기서 같은 값이면 그 중 하나를 최대값으로 취하는 경우에는 모든 부등식에 등호 즉 '=' 기호를 추가하면 된다.

알고리즘 형태의 방법

다수의 데이터를 대상으로 최대값을 구하는 알고리즘을 이용한 방법을 적용해보면 다음과 같다.

처음에 위치하는 a값을 임시로 최대값으로 두고 b 값이 현재 최대값보다 크면 b값을 현재까지의 최대값으로 둔다. 같은 방법으로 c값이 현재 최대값보다 크면 c값을 현재까지의 최대값으로 둔다. 이와 같이 남아있는 모든 데이터에 대해 적용하면 마지막에는 현재의 최대값이 최종 최대값이 된다. 이것을 프로그래밍하면

```
max = a
if b>max :
```

```
        max = b
   if c)max :
        max = c
```

와 같이 표현할 수 있고 이 경우 변수 max가 최대값이 된다.

여기서 변수 비교는 if~else문이 아니라 각각의 변수에 대해 모두 if문을 적용해야 한다. 왜냐하면 b)max가 참이라고 하더라도 c)max를 판정해야 하기 때문이다.

또 하나의 특이점은 두 번째 변수인 b에 대한 판정이나 세 번째 변수인 c에 대한 판정이 동일한 코드이다. 비교해야 될 데이터가 늘어나더라도 이와 같이 동일한 코드를 반복해서 적용하게 된다. 이것은 향후 배우게 될 반복문을 활용하면 데이터의 개수에 관계없이 코드를 한번 기술하고 반복해서 수행하게 할 수 있게 되어 프로그램을 간단하게 구성할 수 있다.

문제 해결

먼저 정수 a, b, c를 입력받아, a가 최대값인 조건식 즉 a)=b and a)=c을 적용하여 이 조건이 참이면 a가 최대값이기 때문에 a를 출력한다. 이 조건식이 거짓이면 이어서 b가 최대값인 조건식 즉 b)=a and b)=c을 적용하여 이 조건이 참이면 b가 최대값이기 때문에 b를 출력한다. 이 조건식도 거짓이면 그 외의 경우에 해당하는 else문을 적용하면 이 경우에는 c가 최대값이기 때문에 c를 출력하면 된다. [T13. if~elif~else문 참조]

소스 코드-1

```
1:  a = int(input('정수a 입력 : '))
2:  b = int(input('정수b 입력 : '))
3:  c = int(input('정수c 입력 : '))
4:  if a>=b and a>=c :
5:     print('최대값 : %d'%a)
6:  elif b>=a and b>=c :
7:     print('최대값 : %d'%b)
8:  else :
9:     print('최대값 : %d'%c)
```

1~3: input() 함수와 int() 함수를 이용하여 정수 a, b, c를 입력받는다.

4: if문으로써 a가 최대값인 조건식이 참이면 소속 문장이 실행된다.

5: if문 소속 문장으로 조건식이 참이면 a를 최대값으로 출력한다.

6: elif문으로써 b가 최대값인 조건식이 참이면 소속 문장이 실행된다.

7: elif문 소속 문장으로 조건식이 참이면 b를 최대값으로 출력한다.

8: else문으로써 위의 모든 조건식이 거짓이면 소속 문장이 실행된다.

9: else문 소속 문장으로서 위의 모든 조건식이 거짓이면 c를 최대값으로 출력한다.

소스 코드-2

```
1: a = int(input('정수a 입력 : '))
2: b = int(input('정수b 입력 : '))
3: c = int(input('정수c 입력 : '))
4: max = a
5: if b>max :
6:    max = b
7: if c>max :
8:    max = c
9: print('최대값 : %d'%max)
```

1~3: 소스코드1과 동일

4: 최초의 변수 a를 최대값 변수인 max에 저장(a를 최대값으로 지정)

5~6: b가 최대값(max)보다 크면 b를 최대값으로 지정

7~8: c가 최대값(max)보다 크면 c를 최대값으로 지정

9: 최대값 변수인 max를 출력한다.

| 실행 결과 | 정수a 입력 : 11
정수b 입력 : 9
출력값 : 99 | 정수a 입력 : 13
정수b 입력 : 8
출력값 : 21 |

문제해결을 위한 논리적 사고

| 적용 포인트 | ■ if ~ else문 사용
■ 조건식 표현
○ a, b 중 하나라도 3의 배수 ⇨ a%3==0 or b%3==0 |

| 적용예 | if a%3==0 or b%3==0 :
    print('출력값 : ',a*b) |

적용 이론

두 정수 a, b 중 하나라도 3의 배수인지를 판단하는 조건식을 구하기 위해서는 먼저 3의 배수를 표현하는 관계식이 필요하다. 3의 배수란 "3으로 나누어서 나머지가 0인 수"를 의미한다. 따라서 "a는 3의 배수"를 의미하는 관계식은 a%3==0과 같이 표현된다.

여기서 "변수 a, b 중 하나라도 3의 배수"는 "a가 3의 배수"와 "b가 3의 배수"인 두 관계식 중 하나만이라도 참이면 전체 조건식이 참이 된다. 이 논리는 논리 연산자(or)에 해당된다. 따라서 전체 조건식은 a%3==0 or b%3==0과 같이 표현이 가능하다. [T10. 논리 연산자 참조]

문제 해결

[문제 해결]을 위해 먼저 두 정수 a, b를 입력 받아, a가 3의 배수인지, b가 3의 배수인지를 판단해야 한다. 이를 위한 관계식은 각각 [적용 이론]에서와 같이 a%3==0, b%3==0으로 표현할 수 있고, 최종 논리식은 둘 중 하나만 3의 배수이어도 성립이 되기 때문에 a%3==0 or b%3==0과 같이 표현할 수 있다.

이 조건식을 if~else문에 적용하여 조건식이 참이면 a*b를 출력하고 거짓이면 a+b를 출력한다. [T12. if~else문 참조]

소스 코드

```
1:  a = int(input('정수a 입력 : '))
2:  b = int(input('정수b 입력 : '))
3:  if a%3==0 or b%3==0 :
4:     print('출력값 : %d'%(a*b))
5:  else:
6:     print('출력값 : %d'%(a+b))
```

1~2: input() 함수와 int() 함수를 이용하여 정수 a, b를 입력 받는다.

3: if문으로써 조건식이 참이면 소속 문장이 실행된다.

4: if문 소속 문장으로 조건식이 참이면 a*b를 출력한다.

5: else문으로써 조건식이 거짓이면 소속 문장이 실행된다.

6: else문 소속 문장으로서 조건식이 거짓이면 a+b를 출력한다.

예제 P45-1	두 정수를 입력받아 둘 중 하나라도 3의 배수가 아닌 짝수이면 두 수의 곱을 출력하고 그렇지 않은 경우에는 두 수의 합을 출력하는 프로그램 ○ Hint : int("101" ,2) ⇒ 5

해결문제 P46	정수를 입력받아 3배수이면 3을 5의 배수이면 5를 곱하여 출력하고 그렇지 않으면 입력 정수를 출력 ○ 3의 배수 및 5의 배수는 중복 적용

실행 결과	정수 입력 : 6 출력값 : 18	정수 입력 : 10 출력값 : 50	정수 입력 : 15 출력값 : 225	정수 입력 : 7 출력값 : 7

문제해결을 위한 논리적 사고

적용 포인트	▣ 조건식 표현 　○ 3의 배수이면서 5의 배수 　⇨　 n%3==0 and n%5==0 ▣ 논리의 중복 적용 방법

적용 이론

문제를 해결하기 위해서는 정수 n을 입력받아 3의 배수이면 3을 곱하고, 5의 배수이면 5를 곱해서 그 결과값을 출력하면 된다. 여기서 3의 배수에 대한 처리와 5의 배수에 대한 처리를 중복해서 적용하도록 하고 있기 때문에 3의 배수이면서 5의 배수인 경우에는 15를 곱해줘야 한다. 이 경우는 15의 배수이기도 하다.

따라서 처리형태는 3가지로 3, 5, 15의 배수인 경우에 각각 3, 5, 15를 곱해주면 된다. 이 조건식들을 if~eli~elif 의 형식으로 적용해서 각각의 계수를 곱해주면 된다. 이때 적용 순서는 15의 배수부터 적용해야 논리가 맞게 된다.

여기서 구문 3번째에 else가 아니라 elif인 이유는 조건식이 총 3개 모두 적용이 되어야 하기 때문이다. 이 경우 4번째에 해당될 else문은 생략되어 있는 경우이다.

[논리의 중복 적용에 대한 또다른 생각]

정수 n을 입력받아 3의 배수이면 3을 곱하고, 5의 배수이면 5를 곱하는 행위가 3의 배수이면서 5의 배수인 경우에 중복해서 적용해야 한다고 하였다.

이 경우 두 조건식을 독립적으로 적용하면 중복 적용이 가능해진다. 즉

```
if n%3==0 :
    n = n*3
if n%5==0 :
    n = n*5
```

와 같이 작성하면 중복 적용이 가능해진다.

문제 해결

[문제 해결]을 위해 먼저 두 정수 a, b를 입력 받아, a가 3의 배수인지, b가 3의 배수인지를 판단해야 한다. 이를 위한 관계식은 각각 [적용 이론]에서와 같이 a%3==0, b%3==0으로 표현할 수 있고, 최종 논리식은 둘 중 하나만 3의 배수이어도 성립이 되기 때문에 a%3==0 or b%3==0과 같이 표현할 수 있다.

이 조건식을 if~else문에 적용하여 조건식이 참이면 **a*b**를 출력하고 거짓이면 **a+b**를 출력한다. [T12. if~else문 참조]

소스 코드-1

```
1: n = int(input('정수 입력 : '))
2: if n%15==0 :
3:    n = n*15
4: elif n%3==0 :
5:     n = n*3
6: elif n%5==0 :
7:     n = n*5
8: print('출력값 : ',n)
```

1: 정수 n을 입력받는다.
2: if문으로써 n이 15의 배수이면 조건식이 참이 되어 소속 문장이 실행된다.
3: if문 소속 문장으로 조건식이 참이면 n*15를 계산하여 n에 저장한다.
4: elif문으로써 n이 3의 배수이면 조건식이 참이 되어 소속 문장이 실행된다.
5: elif문 소속 문장으로 조건식이 참이면 n*3를 계산하여 n에 저장한다.
6: elif문으로써 n이 5의 배수이면 조건식이 참이 되어 소속 문장이 실행된다.
7: elif문 소속 문장으로 조건식이 참이면 n*5를 계산하여 n에 저장한다.
8: 계산값 n을 출력한다.

소스 코드-2

```
1: n = int(input('정수 입력 : '))
2: if n%3==0 :
3:     n = n*3
4: if n%5==0 :
5:     n = n*5
6: print('출력값 : ',n)
```

1: 정수 n을 입력받는다.

2: if문으로써 n이 3의 배수이면 조건식이 참이 되어 소속 문장이 실행된다.

3: if문 소속 문장으로 조건식이 참이면 n*3를 계산하여 n에 저장한다.

4: if문으로써 n이 5의 배수이면 조건식이 참이 되어 소속 문장이 실행된다.

5: if문 소속 문장으로 조건식이 참이면 n*5를 계산하여 n에 저장한다.

6: 계산값 n을 출력한다.

해결문제 P47	정수를 입력받아 짝수이면서 3의 배수인지 여부를 판단하는 프로그램	
실행 결과	정수 입력 : 12 12는 짝수이면서 3의 배수.	정수 입력 : 19 19는 짝수가 아니거나 3의 배수가 아님.

문제해결을 위한 논리적 사고

적용 포인트	■ 조건식 표현 ○ 짝수이면서 3의 배수 ⇨ n%2==0 and n%3==0
적용예	if n%2==0 and n%3==0 : print('짝수이면서 3의 배수')

적용 이론

"짝수이면서 3의 배수"에 대한 조건식은 짝수이어야 하고 3의 배수이어야 하므로 두 조건이 모두 참이어야 전체 조건식이 참이 된다. 이 논리는 and 연산에 해당되므로 이것을 적용하면 조건식은 n%2==0 and n%3==0과 같이 표현된다.

문제 해결

정수 n을 입력받아 "짝수이면서 3의 배수"에 대한 조건식을 작성하고 이 조건식을 if ~ else문에 적용하면 된다. [T12. if ~ else문 참조]

소스 코드

```
1:  n= int(input('정수 입력 : '))
2:  if n%2==0 and n%3==0 :
3:    print('%d는 짝수이면서 3의 배수.'%n)
4:  else :
5:    print('%d는 짝수가 아니거나 3의 배수가 아님.'%n)
```

1: 정수 n을 입력받는다.

2: if문으로써 짝수이거나 3의 배수이면 조건식이 참이 되어 소속 문장이 실행된다.

3: if문 소속 문장으로 조건식이 참이면 "짝수이면서 3의 배수"를 출력한다.

4: else문으로써 조건식이 거짓이면 소속 문장을 실행한다.

5: else문의 소속 문장으로써 조건식이 거짓이면 "짝수가 아니거나 3의 배수가 아님"을 출력한다.

예제 P47-1	정수를 입력받아 3의 배수가 아닌 짝수인지 여부를 판단하는 프로그램

해결문제 P48	3개의 정수를 입력받아 홀수이거나 5의 배수인 수의 개수를 출력하는 프로그램

실행 결과	정수1 입력 : 12 정수2 입력 : 17 정수3 입력 : 18 홀수이거나 5의 배수인 수 : 1개	정수1 입력 : 10 정수2 입력 : 13 정수3 입력 : 20 홀수이거나 5의 배수인 수 : 3개

문제해결을 위한 논리적 사고

적용 포인트	■ 조건식 표현 ○ 홀수이거나 5의 배수 ⇨ n%2==1 or n%5==0 ■ 조건에 맞는 수의 개수를 구하는 방법 ○ 변수(초기값=0)를 지정하여 조건에 맞으면 1씩 증가
적용예	cnt=0 if n%2==1 or n%5==0 : cnt = cnt +1

적용 이론

"n이 홀수이거나 5의 배수"라는 의미는 "n이 홀수"라는 관계식과 "n이 5의 배수"라는 관계식 중 둘 하나만 참이라도 전체 조건식이 참이 된다는 의미이다. 따라서 두 관계식에 or 연산을 결합시킨 n%2==1 or n%5==0 과 같은 조건식을 구성할 수 있다.

주어진 조건식을 만족하는 수의 개수를 구하는 방법은 if문을 적용하여 조건식이 참이면 if 문 소속 문장의 개수를 나타내는 변수의 값을 1 증가시키면 된다.
이것을 코드로 표현하면

    cnt=0
    if n1%2==1 or n1%5==0 :
        cnt = cnt +1

과 같이 표현할 수 있는데 먼저 카운터 변수 cnt를 0으로 초기화한 상태에서 각각의 변수값에 대해 조건식이 만족하는지를 판단해서 조건식이 만족하는 경우에는 cnt 변수의 값을 1 증가시키면 된다.
반복문을 사용하지 않는 경우에 있어서는 각 변수에 대해 모두 위의 코드를 적용시켜야 한다.

문제 해결

정수 n1, n2, n3를 입력받아 각 변수에 대해 "n1이 홀수이거나 5의 배수"인지 여부를 판단할 수 있는 조건식인 n1%2==1 or n1%5==0을 if문에 적용하여 조건식이 참이면 개수를 표시하는 변수 변수인 cnt값을 1증가 시킨다. 이 작업을 모든 변수에 대해 다 적용해야 하고 독립적으로 적용되어야 하므로 계속 if문으로 변수 n2, n3에 대해 동일하게 적용한다.
이런 반복적인 코드는 나중 반복문을 배우면 일괄처리가 가능해진다.

소스 코드

```
1:  cnt = 0
2:  n1= int(input('정수1 입력 : '))
3:  n2= int(input('정수2 입력 : '))
4:  n3= int(input('정수3 입력 : '))
5:  if n1%2==1 or n1%5==0 :
6:     cnt = cnt +1
7:  if n2%2==1 or n2%5==0 :
8:     cnt = cnt +1
9:  if n3%2==1 or n3%5==0 :
10:    cnt = cnt +1
11: print('홀수이거나 5의 배수인 수의 개수 : %d'%cnt)
```

1: 카운터 변수 cnt를 0으로 초기화 한다.

2~4 정수 n1, n2, n3를 입력받는다.

5~6: if문으로써 조건식이 참이면 cnt 변수 값을 1증가 시킴.

7~10: 5~6과 동일

11: 조건식에 맞는 수의 개수(cnt)를 출력한다.

해결문제 P49	점수(0~100)를 입력받아 학점을 부여하는 프로그램 ○ A : 90~100, B : 80~89, C : 70~79, D : 60~69, F : 0~59

실행 결과	점수 입력 : 74 학점 : C	점수 입력 : 55 학점 : F

문제해결을 위한 논리적 사고

■ 조건식 표현

○ 90~100 점 ⇨ 90<=sco<=100

```
sco=95
if 90<=sco<=100 :
    print('학점 : A ')
```

적용 이론

A 학점의 분류 영역인 90~100사이의 점수에 대한 조건식은 90<=sco<=100과 같이 작성할
수 있다. B, C, D, F 학점에 대해서도 순서대로 80<=sco<90, 70<=sco<80, 60<=sco<70,
0<=sco<60과 같이 작성할 수 있다.

이 조건식들을 if~elif~else문에 적용할 때는 보다 단순화 시켜서 다음과 같이 적용할 수 있다.

```
   if sco>= 90 :
       print('학점 : A')
 elif sco>= 80 :
       print('학점 : B')
 elif sco>= 70 :
       print('학점 : C')
 elif sco>= 60 :
       print('학점 : D')
 else :
       print('학점 : F')
```

문제 해결

점수를 입력받아 변수 sco에 저장한다.

sco 값을 학점 구간별로 판단하기 위한 조건식을 [적용 이론]에서 설명한 것과 같이 작성한다.

이 조건식들을 if~elif~else문에 적용하여 작성하면서 해당 분류에 맞는 학점을 출력한다.

소스 코드

```
 1:  sco= int(input('점수 입력 : '))
 2:  if sco>=90 :
 3:      print('학점 : A')
 4:  elif sco>=80 :
 5:      print('학점 : B')
 6:  elif sco>=70 :
 7:      print('학점 : C')
 8:  elif sco>=60 :
 9:      print('학점 : D')
10:  else :
11:  print('학점 : F')
```

1: 점수를 입력받아 n에 저장한다.

2~3: 점수 90점 이상이면 "학점 : A"를 출력한다.

4~9: 2~3과 동일.

10~11: 위의 모든 조건식이 거짓이면 "학점 : F"를 출력한다.

예제 P49-1	P49에서 0~100의 범위를 벗어나는 점수를 입력했을 때는 "입력 오류!" 라는 예외처리 문자열을 출력하는 프로그램

해결문제 P50	년도를 입력하면 윤년 여부를 판단하는 프로그램

```
============== 윤년 구하는 공식 : 그레고리력 ==============
1) 4년에 한번씩은 윤년이다 : 4로 나누어 나머지가 없으면 윤년.
2) 100년에 한번씩은 윤년이 아니다 : 100은 4의 배수이기도 하지만,
   연도를 100으로 나누어 나머지가 없으면 윤년이 아님.
3) 400년에 한번씩은 윤년으로 한다 : 400은 100의 배수이기도 하지만,
   연도를 400으로 나누어 나머지가 없으면 윤년.
```

실행 결과	년도 입력 : **2020** 2020년은 윤년입니다.	년도 입력 : **2100** 2100년은 윤년이 아닙니다.

문제해결을 위한 논리적 사고

적용 포인트	▣ **조건식 표현** ○ 윤년 ⇨ (year%4==0 and year%100!=0) or year%400==0
적용예	if (year%4==0 and year%100!=0) or year%400==0 : print('윤년입니다.!')

적용 이론

윤년은 해당 년도가 "4의 배수"이면 윤년인데 여기서 "100의 배수는 제외"하고 여기서 "400의 배수는 포함" 시키는 다소 복잡한 형태로 판별이 된다.

여기서 이러한 조건을 어떠한 논리로 표현할까를 깊이 생각할 필요가 있다.

이 논리를 다른 형태로 표현해보면 "4의 배수이면서 100의 배수가 아닌 수"로 표현하면 "400의 배수는 포함"이라는 조건이 빠지게 되어 여기서 "400의 배수"를 추가로 포함하면 된다.

따라서 이 조건식은 (year%4==0 **and** year%100!=0) **or** year%400==0과 같이 표현이 가능하다.

문제 해결

년도를 입력받아 변수 year에 저장한다.

year 값을 이용하여 윤년을 판단하기 위한 조건식을 작성하고 이것을 if~else문에 적용하여 조건식이 참이면 "윤년입니다."를 거짓이면 "윤년이 아닙니다."를 출력한다.

소스 코드

```
1:  year= int(input('년도 입력 : '))
2:  if (year%4==0 and year%100!=0) or (year%400==0) :
3:      print(year,'년은 윤년입니다.')
4:  else:
5:      print(year,'년은 윤년이 아닙니다.')
```

1:    년도를 입력받아 year에 저장한다.

2~3: if문으로서 윤년 여부를 판단하는 조건식이 참이면 "윤년입니다."를 출력한다.

4~5: else문으로서 조건식이 거짓이면 "윤년이 아닙니다."를 출력한다.

4

반복문

제6장 반복문

- 해결 문제 (P51~P88) / 실행결과 / 적용 포인트 / 적용예
- 적용 이론 / 문제 해결 / 소스 코드
- 예제 (P51-1~P87-1)

4부에서는 프로그래밍에서 가장 기초가 되는 반복문을 학습니다. 어떤 조건에 따라서 동일한 문장을 여러 번 반복적으로 실행을 해야될 경우에 파이썬에서는 어떻게 코딩을 하면 되는지 배워 봅니다. 이러한 반복문을 기초로 해결해야 될 문제에 대한 실행결과와 핵심 포인트가 무엇인지 그리고 적용예시를 통하여 문제 해결에 대한 소스 코드를 직접 작성해 봅니다.

제6장 반복문

해결문제 P51	화면에 가로로 0~9까지의 정수를 출력하는 프로그램

실행 결과	0 1 2 3 4 5 6 7 8 9

문제해결을 위한 논리적 사고

적용 포인트	■ 반복문 : for ○ for a in range(10) :

적용예	for a in range(10) : 　　print(a)

적용 이론

T14. for문

컴퓨터는 고속으로 반복 처리하는 기능이 부여되어 있다. 파이썬에도 이 기능을 이용하여 데이터를 처리하는 반복문이 있는데 이것이 바로 for문이다.

파이썬에서 제공하는 range()를 사용하는 [for문의 형식1]은 다음과 같다.

> **for 변수 in range(r) :**
> 　　**문장1**　　　　　　　　　　r : 반복횟수

여기서 변수는 임의의 변수명을 입력하면 되고, 반복 횟수는 소속 문장 즉, 문장1을 몇 번을 실행할 것인지를 결정하여 입력하면 된다. 예를 들어 변수는 a로 지정하고 10번 반복해서 Hello!를 화면에 표시한다고 하면

　　　　for a in range(10) :

```
print('Hello!')
```

와 같이 코드를 작성할 수 있다. 이 프로그램을 수행하면 Hello!가 화면에 10번 출력된다. 여기서

```
for a in range(10) :
    print(a)
```

와 같이 작성하면 화면상에 0 1 2 3 4 5 6 7 8 9가 세로로 출력된다.

즉 이러한 형태의 for문은 10번이 실행 되지만 그냥 10번 실행이 아니라 "a=0인 상태에서 한번 실행"하고 두 번째는 "a=1인 상태에서 실행", 세 번째는 "a=2인 상태에서 실행" 다음 으로는 "a=3인 상태에서 실행"과 같이 계속 반복하여 "a=9인 상태에서 실행" 까지 해서 총 10번을 반복 실행하게 된다.

여기서 반복횟수를 10으로 기술하면 변수 a=0~9까지 각각에 대해 실행해서 총 10번 실행 하게 된다는 것이다.

따라서 위의 프로그램은 0~9까지의 정수를 화면 상에 출력하게 되는 것이다.

이러한 사항을 이해를 쉽게하기 위해 도식화하여 표시하면 다음과 같다.

```
for a in range(10) :
    print(a)
```

```
a=0 일 때 print(a) 실행  ⇨  0
a=1 일 때 print(a) 실행  ⇨  1
a=2 일 때 print(a) 실행  ⇨  2
  .......                     ...
a=9 일 때 print(a) 실행  ⇨  9
```

이렇게 반복할 코드로 순환하는 것을 루프(loop)라고 부른다.

파이썬에서 range()를 사용하는 [for문의 형식2]는 다음과 같다.

```
for 변수 in range(s,e+1) :
    문장1                    s : 시작, e : 종료
```

이 경우 [for문의 형식1]과의 차이점은 range() 함수의 인수가 2개인 점이다. 즉, 범위를 표 현하는 range() 함수의 인수 차이인 것이다.

여기서 s는 반복문에서 지정 변수의 시작 값을 의미하고 e는 반복문의 마지막 값을 의미한다.
예를 들어

```
for a in range(1,11) :
    print(a)
```

와 같은 코드를 실행하면 a=1부터 시작해서 a=10인 수까지 해서 10번을 반복하게 되는 것
이다. 이러한 사항을 도식화하여 표시하면 다음과 같다.

> **for a in range(1,11) :**
> **print(a)**
>
> a=1 일 때 print(a) 실행 ⇨ 1
> a=2 일 때 print(a) 실행 ⇨ 2
> a=3 일 때 print(a) 실행 ⇨ 3
> ....
> a=10 일 때 print(a) 실행 ⇨ 10

파이썬에서 range()를 사용하는 [for문의 형식3]은 다음과 같다.

> **for 변수 in range(s,e+1,m) :**
> **문장1**　　　　　　　　s : 시작, e : 종료, m : 증감

이 경우 [for문의 형식2]와의 차이점은 range() 함수의 인수가 3개인 점이다.
처음 2개는 [for문의 형식2]와 동일하고, 세 번째 인수는 변수의 증가 또는 감소를 표시한
다. 즉 m이 2이면 s부터 시작해서 2씩 증가하면서 e까지 실행하게 된다. 이러한 사항을 도
식화하여 표시하면 다음과 같다.

> **for a in range(1,11,2) :**
> **print(a)**
>
> a=1 일 때 print(a) 실행 ⇨ 1
> a=3 일 때 print(a) 실행 ⇨ 3
> a=5 일 때 print(a) 실행 ⇨ 5

a=7 일 때 print(a) 실행 ⇨ **7**

a=9 일 때 print(a) 실행 ⇨ **9**

문제 해결

화면에 가로로 0 1 2 3 4 5 6 7 8 9를 표시하기 위해서는 반복문을 사용하여야 한다.
위의 [적용 이론]에 설명된 반복문의 형식에 따라 표현하면

```
for  a  in  range(10) :
            print(a,end=' ')
```

와 같이 작성할 수 있다. 여기서 end=' ' 구문은 줄바꿈 기능을 해제하여 0~9까지의 숫자가
가로로 출력될 수 있도록 하는 기능을 가지고 있다.
또는 출력문을 변경하여

```
for  a  in  range(10) :
            print('%d'%a,end=' ')
```

와 같이 표현할 수도 있다.

소스 코드

```
1:  for  a  in  range(10) :
2:        print('%d'%a,end=' ')
```

1: for문으로써 a=0~9까지 각각에 대해 소속 문장을 10번 반복하여 실행한다.

2: for문의 소속 문장으로서 이 경우 변수 a(=0~9)를 10번 출력한다.

예제 P51-1	화면에 가로로 1~10까지의 정수를 출력하는 프로그램

해결문제 P52	화면에 가로로 5~17까지의 정수를 출력하는 프로그램

문제해결을 위한 논리적 사고

| 적용
포인트 | ■ 반복문 : for
○ for a in range(5,18) : |

| 적용예 | for a in range(5,18) :
　　print(a) |

적용 이론

range()를 사용하는 [for문의 형식2]에 표기된 형식을 적용하여 a=5~17까지의 반복문을 수
행하면 for a in range(5,18) : 과 같은 형태로 for문을 적용할 수 있다. [T14. for문 참조]

문제 해결

화면에 가로로 5 6 7 8 9 10 11 12 13 14 15 16 17을 표시하기 위해서는 시작점을 5로 하고
종료점을 17로 생각하면

```
for a in range(5,18) :
        print(a,end=' ')
```

와 같은 for문을 적용할 수 있다.

소스 코드

```
1:  for a in range(5,18) :
2:      print(a,end=' ')
```

1: for문으로써 a=5~17까지 각각에 대해 소속 문장을 반복하여 실행한다.

2: for문의 소속 문장으로서 이 경우 변수 a=5부터 a=17까지 a를 출력한다.

해결문제
P53   **20이하의 짝수를 출력하는 프로그램**

실행
결과   **2 4 6 8 10 12 14 16 18 20**

문제해결을 위한 논리적 사고

적용
포인트
     ■ **for문의 범위**
         ○ **[2 4 6 … 18 20]** ⇨ **for a in range(2,21,2) :**

적용예
     for a in range(2,21,2) :
         print(a)

적용 이론

range()를 사용하는 [for문의 형식3]에 표기된 형식을 적용하여 변수 a의 시작점을 2로 하고 종료점을 20으로 정하고, 증감은 2로 지정하면 2~20까지의 짝수들을 활용할 수 있게 된다. 이런 값으로 for문을 지정하면 for a in range(2,21,2) : 와 같이 표현할 수 있다. [T14. for문 참조]

문제 해결

화면에 가로로 2 4 6 8 10 12 14 16 18 20을 표시하기 위해서는 시작점을 2로 하고 종료점을 20으로, 증감을 2로 두면 된다. 이것을 for문으로 표현하면

     for a in range(2,21,2) :
         print(a,end=' ')

와 같이 작성할 수 있다.

소스 코드

```
1:  for a in range(2,21,2) :
2:      print(a,end=' ')
```

1: for문으로써 a=2,4,6...18,20까지 각각에 대해 소속 문장을 반복하여 실행한다.

2: for문의 소속 문장으로서 이 경우 변수 a=2,4,6...18,20에 대해 a를 출력한다.

예제 P53-1	P53을 [for문의 형식2]와 if문을 이용하여 실행하는 프로그램

예제 P53-2	100이하의 정수 중 5의 배수를 출력하는 프로그램

해결문제 P54	3의 배수 10개를 출력하는 프로그램

실행 결과	3 6 9 12 15 18 21 24 27 30

문제해결을 위한 논리적 사고

적용 포인트	■ for문의 범위 ○ [3 6 9 ... 27 30] ⇨ for a in range(3,31,3) : ⇨ a ⇨ for a in range(1,11) : ⇨ a*3

적용예	for a in range(3,31,3) : print(a)

적용 이론

range()를 사용하는 [for문의 형식3]에 표기된 형식을 적용하여 변수 a의 시작점을 3으로 하고 종료점을 30으로 정하고, 증감은 3으로 지정하면 3~30까지의 3의 배수들을 활용할 수 있게 된다. 이런 값으로 for문을 지정하면 for a in range(3,31,3) : 와 같이 표현할 수 있다.

[T14. for문 참조]

또 하나의 방법으로는 for a in range(1,11) : 과 같이 a의 1~10까지의 범위를 지정하고 실행 단계에서 a에 3을 곱하면 3~30까지의 3의 배수를 생성하여 활용할 수 있다.

문제 해결

화면에 가로로 3 6 9 12 15 18 21 24 27 30을 표시하기 위해서는 시작점을 3으로 하고 종료점을 30으로 증감을 3으로 두면 된다. 이것을 for문으로 표현하면

```
for a in range(3,31,3) :
        print(a,end=' ')
```
와 같이 작성할 수 있다.

소스 코드-1

```
1: for a in range(3,31,3) :
2:     print(a,end=' ')
```

1: for문으로써 a=3, 6, 9, … 27, 30까지 각각에 대해 소속 문장을 반복하여 실행한다.
2: for문의 소속 문장으로서 이 경우 변수 a=3, 6, 9, … 27, 30에 대해 a를 출력한다.

소스 코드-2

```
1: for a in range(1,11) :
2:     print(a*3,end=' ')
```

1: for문으로써 a=1, 2, 3, … 9, 10까지 각각에 대해 소속 문장을 반복하여 실행한다.
2: for문의 소속 문장으로서 이 경우 변수 a=1, 2, 3, … 9, 10에 대해 a*3을 각각 출력한다.

<table>
<tr><td>해결문제
P55</td><td>양의 정수 n을 입력받은 후 3의 배수를 그 수만큼 출력하는
프로그램</td></tr>
<tr><td>실행
결과</td><td>정수 입력 : 7
3 6 9 12 15 18 21</td></tr>
</table>

문제해결을 위한 논리적 사고

적용 포인트	▣ for문의 범위 ○ [1 2 3 … n-1 n] ⇨ for a in range(1,n+1) :
적용예	for a in range(1,n+1) : print(a*3)

적용 이론

for문을 n번 돌리는 방법은 for a in range(n) : 또는 for a in range(1,n+1) : 과 같이 지정이 가능하다.

첫 번째 방법은 a의 범위가 0~n-1 까지이고, 두 번째 방법은 1~n 까지이다.

이것을 가지고 3의 배수를 n번 출력하는 방법은 첫째, a=0~n-1인 경우는 (a+1)*3을 출력하면 되고 둘째, a=1~n인 경우는 a*3을 출력하면 된다.

셋째 for문에서 a의 범위를 바로 3, 6, 9, … 3*n와 같이 바로 설정하여 a를 출력하는 방법도 가능하다. 이 경우 for문은 for a in range(3,n*3+1,3) : 과 같이 구성하면 된다.

문제 해결

주어진 문제는 정수 n을 입력받아 3, 6, 9, 12, 15, …. 3*n과 같이 3의 배수 n개 출력하는 것을 요구하고 있다.

이 문제는 [적용 이론]에서 살펴본 것과 같이 for문의 range() 함수를 지정하는 방법에 따라 3가지 처리 방법이 있다.

그 중 두 번째 방법을 이용하면 for문의 변수 a를 1~n까지 설정하여 a*3을 출력하는 방법으로서 이 방법을 코딩해보면

```
for a in range(1,n+1) :
        print(3*a, end=' ')
```

과 같이 작성할 수 있다.

소스 코드-1

```
1: n=int(input('정수 입력 : '))
2: for a in range(1,n+1) :
3:     print(3*a,end=' ')
```

1: 정수 n을 입력받는다.
2: for문으로써 a=1~n까지에 대해 소속 문장을 반복하여 실행한다.
3: for문의 소속 문장으로서 이 경우 a=1~n에 대해 a*3을 출력한다.

소스 코드-2

```
1: n=int(input('정수 입력 : '))
2: for a in range(n) :
3:     print(3*(a+1),end=' ')
```

1: 정수 n을 입력받는다.
2: for문으로써 a=0~n-1까지에 대해 소속 문장을 반복하여 실행한다.
3: for문의 소속 문장으로서 이 경우 a=0~n-1에 대해 (a+1)*3을 출력한다.

소스 코드-3

```
1: n=int(input('정수 입력 : '))
2: for a in range(3,3*n+1,3) :
3:     print(a, end=' ')
```

1: 정수 n을 입력받는다.

2: for문으로써 a=3, 6, 9, ... 3*n에 대해 소속 문장을 반복하여 실행한다.

3: for문의 소속 문장으로서 a=3, 6, 9, ... 3*n에 대해 a를 출력한다.

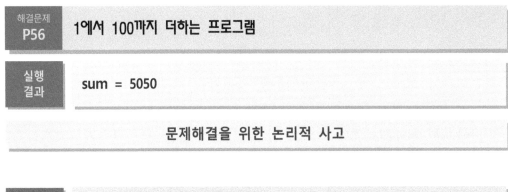

해결문제 P56	1에서 100까지 더하는 프로그램
실행 결과	sum = 5050

문제해결을 위한 논리적 사고

적용 포인트	▣ **for문을 이용한 누적 덧셈1** 　○ **for문을 이용해 a 변수의 범위를 1에서 100까지 설정** 　○ **누적 변수 sum=0로 둔 이후 누적해서 a를 더해나감**
적용예	sum = 0 for a in range(1,101) : 　sum = sum + 1

적용 이론

1에서 100까지의 수를 더하는 문제이다. 이러한 연산은 컴퓨터의 단순 반복 처리를 고속으로 수행할 수 있는 장점을 이용하여 처리를 수행하는 방식이다.

먼저 반복문 for를 이용하여 변수 a를 1~100까지 범위로 for a in range(1,101) :과 같이 설정한다.

이 for문에 대해 그 소속 문장에서 a를 반복적으로 더해가는 누적 덧셈을 수행하게 하면 된다. 반복 누적 덧셈의 형태는 sum = sum + a와 같은 형태이다. 이 식의 의미는 현재까지의 sum에 대해 현재의 a값을 더한다는 것이다. 이때 변수 sum=0의 초기화가 필요하다.

이것을 종합하면

```
sum = 0
for a in range(1,101) :
    sum = sum + a
```
과 같은 코드로 표현이 가능하다.

문제 해결

1에서 100까지의 수를 더하는 문제로서 이 문제는 1~100까지 반복해서 더해가는 방법을 취할 것이다. 이를 위해 먼저 for문의 변수 a의 범위를 1~100까지로 설정하고 0으로 초기화된 변수 sum을 두고 누적해서 1~100까지 100번 덧셈을 수행하면 된다.

소스 코드

```
1:  sum = 0
2:  for a in range(1,101):
3:      sum = sum + a
4:  print('sum = %d'%sum)
```

1: 변수 sum을 0으로 초기화 한다.
2: for문으로서 a=1~100까지 범위로 소속 문장을 반복 수행한다.
3: for문의 소속 문장으로서 a값의 범위 동안 a값을 누적해서 더한다.
4: 1~100까지 더한 결과값인 변수 sum을 출력한다.

해결문제 P57	1에서 1000까지의 정수 중 3의 배수인 수들의 합을 구하는 프로그램
실행 결과	sum = 166833

문제해결을 위한 논리적 사고

적용 포인트	■ for문을 이용한 누적 덧셈2 – 특정 수치들의 합 ○ for문을 이용해 a 변수의 범위를 1에서 1000까지 설정 ○ a가 3의 배수 인지 판단(if문)하여 참인 경우에만 누적 덧셈 ⇨ sum=0로 둔 이후 누적해서 a를 더해나감

적용예	sum = 0
	for a in range(1,1001) :
	    if a%3==0 :
	        sum = sum + 1

적용 이론

[방법1] for문에서 a의 범위를 3, 6, 9, ..., 999 로 설정하여 누적 덧셈을 수행하면 된다. 이 경우 for문은 for a in range(3,1001,3) : 과 같이 표현할 수 있고 여기서 설정된 a의 범위에 대해 누적 덧셈을 수행하면 된다.

[방법2] for문에서 a의 범위를 1~1000 까지로 설정하고 이들 중 a값이 3의 배수인지를 판단하여 참인 경우에만 누적 덧셈을 수행하고 거짓인 경우에는 덧셈을 수행하지 않는다.

문제 해결

1에서 1000까지의 정수 중 3의 배수만 더하는 문제로서 먼저 for문의 변수 a를 1~1000까지로 설정하면 for a in range(1,1001) : 과 같이 작성할 수 있다.

이 경우 for문에 의해 a가 1에서 1000까지 범위에서 반복 수행이 된다. 이때 a의 값이 3의 배수인지를 판단하여 참인 경우에만 누적 덧셈을 수행한다.

이 과정을 정리하면

```
sum=0
for a in range(1,1001) :
    if a%3==0 :
        sum = sum + a
```

과 같이 작성할 수 있다.

소스 코드-1

```
1: sum = 0
2: for a in range(3,1001,3):
3:     sum = sum + a
4: print('sum = %d'%sum)
```

1: 변수 sum을 0으로 초기화 한다.

2: for문으로서 a=1~1000까지 소속 문장을 반복 수행한다.

3: for문의 소속 문장으로서 a값의 범위 동안 a값을 누적해서 더한다.

4: 변수 sum을 출력한다.

소스 코드-2

```
1: sum = 0
2: for a in range(1,1001):
3:     if a%3==0:
4:         sum = sum + a
5: print('sum = %d'%sum)
```

1: 변수 sum을 0으로 초기화 한다.

2: for문으로서 a=1~1000까지 소속 문장을 반복 수행한다.

3~4: if문을 이용하여 a가 3의 배수인 경우에 대해서만 누적 덧셈을 수행한다.

5: 변수 sum을 출력한다.

예제 P57-1 1~1000까지의 정수 중 5로 나누었을 때 나머지가 2인 수들의 합

해결문제 P58 1~1000까지의 정수 중 3의 배수이거나 5의 배수인 수들의 합

문제해결을 위한 논리적 사고

적용 포인트	■ **for문을 이용한 누적 덧셈2 - 특정 수치들의 합** 　○ **for문을 이용해 a 변수의 범위를 1에서 1000까지 설정** 　○ **a가 3의 배수 또는 5의 배수인 경우에만 누적 덧셈** 　⇨ **sum=0로 둔 이후 누적해서 a를 더해나감**

적용예	```
	sum = 0
	for a in range(1,1001) :
	    if a%3==0 or a%5==0 :
	        sum = sum + 1
	``

적용 이론

[방법1] 1~1000까지의 정수 중 3의 배수들의 합을 S3이라 하고, 5의 배수들의 합을 S5라 하고, 15의 배수들의 합을 S15라 하면 주어진 문제는 S3+S5-S15와 같이 연산을 수행하면 답을 구할 수 있다.

그러나 이러한 방식은 프로그램이 복잡하고 유연성도 다소 떨어지는 방법으로서 권장하는 방법은 아니다. 다만 논리적으로 이해하는 것은 논리적 사고력을 증진시키는 데는 도움이 될 것이다.

[방법2] for문에서 a의 범위를 1~1000 까지로 설정하고 이들 중 a값이 3의 배수이거나 5의 배수인지를 판단하여 참인 경우에만 누적 덧셈을 수행하고 거짓인 경우에는 덧셈을 수행하지 않는다.

문제 해결

1에서 1000까지의 정수 중 3의 배수이거나 5의 배수인 경우에만 더하는 문제로서 먼저 for문의 변수 a를 1~1000까지로 설정하면 for a in range(1,1001) : 과 같이 작성할 수 있다.

이 경우 for문에 의해 a가 1에서 1000까지 범위에서 반복 수행이 된다. 이때 a의 값이 3의 배수 또는 5의 배수인지를 판단하여 참인 경우에만 누적 덧셈을 수행한다.

이 과정을 정리하면,

```
sum=0
for a in range(1,1001) :
        if a%3==0 or a%5==0 :
            sum = sum + a
```

과 같이 작성할 수 있다.

소스 코드-1

```
1:  sum = 0
2:  for a in range(3,1001,3):
3:      sum = sum + a
4:  print('sum = %d'%sum)
```

1: 변수 sum을 0으로 초기화 한다.
2: for문으로서 a=3, 6, 9 ... 999까지 소속 문장을 반복 수행한다.
3: for문의 소속 문장으로서 a값의 범위 동안 a값을 누적해서 더한다.
4: 변수 sum을 출력한다.

소스 코드-2

```
1:  sum = 0
2:  for a in range(1,1001):
3:      if a%3==0 or a%5==0:
4:          sum = sum + a
5:  print('sum = ',sum)
```

1: 변수 sum을 0으로 초기화 한다.
2: for문으로서 a=1~1000까지 소속 문장을 반복 수행한다.
3~4: if문을 이용하여 a가 3의 배수이거나 5의 배수인 경우에 대해서만 누적 덧셈을 수행
    한다.
5: 변수 sum을 출력한다.

| 예제
P58-1 | 1~1000까지의 정수 중 6으로 나누어 나머지가 1이거나,
7로 나누어 나머지가 3인 수들의 합 |

| 해결문제
P59 | 1~1000까지의 정수 중 짝수가 아닌 3의 배수의 합 |

| 실행
결과 | sum = 83667 |

문제해결을 위한 논리적 사고

| 적용
포인트 | ▣ for문을 이용한 누적 덧셈
▣ 조건식 표현
　○ 짝수가 아닌 3의 배수 ⇨ a%2!=0 and a%3==0 |

| 적용예 | sum = 0
for a in range(1,1001) :
　　if a%2!=0 and a%3==0 :
　　　　sum = sum + 1 |

적용 이론

for문에서 a의 범위를 1~1000 까지로 설정하고 이들 중 a값이 짝수가 아니 3의 배수인지를
판단하여 참인 경우에만 누적 덧셈을 수행하고 거짓인 경우에는 덧셈을 수행하지 않는다.

문제 해결

1에서 1000까지의 정수 중 짝수가 아닌 3의 배수인 경우에만 더하는 문제로서 먼저 for문의
변수 a를 1~1000까지로 설정하면 for a in range(1,1001) : 과 같이 작성할 수 있다.
이 경우 for문에 의해 a가 1에서 1000까지 범위에서 반복 수행이 된다. 이때 a의 값이 짝수
가 아닌 3의 배수인지를 판단하여 참인 경우에만 누적 덧셈을 수행한다.

이 과정을 정리하면

```
sum=0
for a in range(1,1001) :
    if a%2!=0 and a%3==0 :
        sum = sum + a
```

과 같이 작성할 수 있다.

소스 코드

```
1: sum = 0
2: for a in range(1,1001):
3:     if a%2 != 0 and a%3==0 :
4:         sum = sum + a
5: print('sum = ',sum)
```

1: 변수 sum을 0으로 초기화 한다.

2: for문으로서 a=1~1000까지 소속 문장을 반복 수행한다.

3~4: 조건식 즉, 짝수가 아닌 3의 배수가 참이면 누적 덧셈을 수행한다.

5: 변수 sum을 출력한다.

해결문제 P60	1에서부터 n까지의 합을 구하는 프로그램 ○ n : 입력 받음
실행 결과	정수 입력 : 150 sum = 11325

문제해결을 위한 논리적 사고

적용 포인트	▣ for문의 범위 ○ 1에서 부터 n 까지 ⇨ for a in range(1,n+1) :

적용 이론

for문에서 a의 범위를 1~n 까지로 설정하는 방법은 시작을 1로 하고 종료점을 n으로 하면 된다. 이것을 for문에 기술할 때는 (1,n+1)로 표기해야 된다.

문제 해결

먼저 정수 n을 입력받고 이 n을 활용하여 1에서 n까지의 수를 더해야 한다. 이를 위해 for 문의 범위를 1~n까지로 지정하면 for a in range(1,n+1) : 과 같이 표현된다.
이 for문을 이용하여 누적 덧셈 즉, sum = sum + a 를 수행한다.

소스 코드

```
1:  n = int(input('정수 입력 : '))
2:  sum = 0
3:  for a in range(1,n+1):
4:      sum = sum + a
5:  print('sum = ',sum)
```

1: 정수 n을 입력받는다.
2: 변수 sum을 0으로 초기화 한다.
3~4: for문을 이용하여 a=1~n 까지 누적 덧셈을 수행한다.
5: 변수 sum을 출력한다.

| 해결문제
P61 | 두 정수 a, b를 입력받아 a에서 b까지의 합을 구하는 프로그램 |

문제해결을 위한 논리적 사고

적용
포인트

■ **for문의 범위**

　○ a에서 부터 b 까지　⇨　**for i in range(a, b+1) :**

적용예

```
for i in range(a, b+1) :
    sum = sum + 1
```

적용 이론

for문에서 변수 i의 범위를 a~b 까지로 설정하는 방법은 시작을 a로 하고 종료점을 b로 하면 된다. 이것을 for문에 기술할 때는 (a,b+1)로 표기해야 된다. 여기서 변수 a를 입력받는 변수로 사용하였기 때문에 for문의 변수는 i 를 사용하였다.

문제 해결

먼저 정수 a, b을 입력받고 이들을 활용하여 a에서 b까지의 정수를 더해야 한다. 이를 위해 for문의 범위를 a~b 까지로 지정하면 for a in range(a,b+1) : 과 같이 표현된다.
이 for문을 이용하여 누적 덧셈 즉, sum = sum + i 를 수행한다.

소스 코드

```
1:  a = int(input('정수a 입력 : '))
2:  b = int(input('정수b 입력 : '))
3:  sum = 0
4:  for i in range(a,b+1):
5:      sum = sum + i
6:  print('sum = ',sum)
```

1~2: 정수 a, b를 입력받는다.

3: 변수 sum을 0으로 초기화 한다.

4~5: for문을 이용하여 i=a~b 까지 누적 덧셈을 수행한다.

6: 변수 sum을 출력한다.

예제 P61-1	P61에서 a>b인 경우에도 작동이 되는 프로그램

해결문제 P62	두 정수 a, b를 입력받아 a에서 b까지의 수 중 짝수이면서 5의 배수의 합을 구하는 프로그램
실행 결과	정수a 입력 : **33** 정수b 입력 : **129** sum = 720

문제해결을 위한 논리적 사고

적용 포인트	■ for문의 범위 ○ a에서 부터 b 까지 ⇨ for i in range(a,b+1) : ■ 조건식 표현 ○ 짝수이면서 5의 배수 ⇨ i%2==0 and i%5==0
| 적용예 | ```
for i in range(a, b+1) :
    if i%2==0 and i%5==0 :
        sum = sum + 1
``` |

적용 이론

for문에서 변수 i의 범위를 a~b 까지로 설정하여 for문에 기술할 때 (a,b+1)로 표기한다. 여기서 변수 a를 입력받는 변수로 사용하였기 때문에 for문의 변수는 i 를 사용하였다. 이러한 범위의 for문에 대해 if문을 이용하여 짝수이면서 5의 배수인 경우에 대해서만 누적 덧셈을 수행한다.
```

문제 해결

먼저 정수 a, b을 입력받고, for문의 범위를 a~b까지로 설정하면 for i in range(a,b+1) : 과 같이 된다. 이와 같은 정수 중에서 "짝수이면서 5의 배수"인 수들만 더해야 하므로 이 판단은 if문을 적용한다. 즉 if i%2==0 and i%5==0 : 과 같이 표현할 수 있다. 이러한 조건이 참인 수들만 누적 덧셈을 수행한다.

소스 코드

```
1:  a = int(input('정수 a 입력 : '))
2:  b = int(input('정수 b 입력 : '))
3:  sum = 0
4:  for i in range(a, b+1):
5:      if i%2==0 and i%5==0:
6:          sum = sum + i
7:  print('sum = ',sum)
```

1~2: 정수 a, b를 입력받는다.

3: 변수 sum을 0으로 초기화 한다.

4: for문으로서 i=a~b까지 소속 문장을 반복 수행한다.

5~6: 조건식이 참이면 누적 덧셈을 수행한다.

7: 변수 sum을 출력한다.

예제 P62-1	두 정수 a, b 를 입력받아 a에서 b까지의 수 중 5로 나누어 나머지가 2이거나 8로 나누어 나머지가 3인 수들의 합

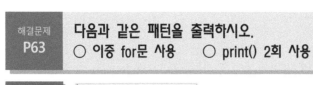

해결문제 P63	다음과 같은 패턴을 출력하시오. ○ 이중 for문 사용　　○ print() 2회 사용

실행 결과	★ ★

문제해결을 위한 논리적 사고

적용 포인트	■ 이중 for문 　○ for문을 이중으로 적용　⇨　for i in range(8) : 　　　　　　　　　　　　　　　　　　　 for j in range(10) :

적용예	for i in range(8) : 　for j in range(10) : 　　print('Hello!')　⇨　"Hello!"를 80번 출력

적용 이론

T15. 이중 for문

for문을 이중으로 적용하면 더욱 강력한 기능을 발휘할 수 있다. 이중 for문은

```
for i in range(8) :
    for j in range(10) :
        print('Hello!')
```

와 같이 작성한다. 여기서 두 번째 for문은 첫 번째 for문의 소속 문장이 된다. 즉 두 for문은 서로 종속적으로 작용하게 된다.

이 코드의 경우 실행 결과는 "Hello!"를 80번 출력하게 된다. 안쪽의 for문 즉

```
for j in range(10) :
    print('Hello!')
```

과 같이 표현되어 있는데 이것은 "Hello!"를 10번 출력하게 되어 있다. 바깥쪽 for문은 이 안쪽 for문을 8번 반복 수행하게 되어있기 때문에 전체적으로 print('Hello!') 문장을 80번 반복 수행하게 된다.

이때 두 for문의 변수는 반드시 다른 것으로 사용해야 이중 for문이 정상적으로 작동이 된다. 다음과 같은 이중 for문의 변수 i, j의 동작 형태를 표시하면 다음과 같다.

```
for i in range(2,4) :
    for j in range(1,5) :

        print('=>', i*j)        ⇨ 총 8번 실행
```

```
변수i        변수j        실행결과
-----------------------------------
i = 2        j = 1        => 2
i = 2        j = 2        => 4

i = 2        j = 3        => 6

i = 2        j = 4        => 8

i = 3        j = 1        => 3
i = 3        j = 2        => 6

i = 3        j = 3        => 9

i = 3        j = 4        => 12
```

문제 해결

출력해야 할 패턴은 '*'의 개수가 가로로 10개, 세로로 8줄이다. 이 같은 경우는 이중 for문을 이용하여 출력해야 한다.

먼저 '*'을 가로로 10개 출력하기 위해

```
for j in range(10) :
        print('*', end=' ')
```

와 같은 코드를 작성한다. 이 결과를 세로로 8번 반복해야 되기 때문에 이 코드 위에 8회 반복문 for i in range(8) : 을 적용하면 '*'이 80번 출력될 것이다.

그러나 이렇게 실행하면 '*'이 모두 이어서 80번 출력된다. 따라서 '*'이 가로로 10번 출력되고 나면 줄바꿈 즉 print(' ')를 실행해 줘야 한다. 이 문장은 안쪽 for문의 소속이 아니라 동등한 레벨로써 다음 코드와 같이 들여쓰기가 같은 위치에 있어야 된다.

```
for i in range(8) :
    for j in range(10) :
        print('*', end=' ')
    print(' ')
```

소스 코드

```
1:  for i in range(8) :
2:      for j in range(10) :
3:          print('*', end=' ')
4:      print(' ')
```

1: for문으로서 소속 문장을 8번 반복 수행한다.

2: for문으로서 소속 문장을 10번 반복 수행한다.

3: 두 번째 for문의 소속 문장으로서 이 경우 '*'를 줄바꿈 없이 10번 출력한다.

4: 첫 번째 for문의 소속 문장으로서 두 번째 for문이 수행 완료되고 나면 줄바꿈을 실행한다.

해결문제 P64	다음과 같은 패턴을 출력하시오. ○ 이중 for문 사용 ○ print() 2회 사용

실행 결과

```
0123456789
0123456789
0123456789
0123456789
0123456789
0123456789
0123456789
0123456789
```

문제해결을 위한 논리적 사고

적용 이론

이중 for문을 이중으로 적용하여 문제를 해결할 수 있다. [T15. 이중 for문 참조]

문제 해결

문제에서의 패턴은 두 번째 for문의 변수 j를 가로로 10번 세로로 8줄 출력해야 한다. 가로로 10번 실행은 두 번째 for문의 범위를 range(10)으로 설정하면 되고, 세로로 8줄 출력은 첫 번째 for문의 범위를 range(8)로 설정하면 된다.

출력문은 print(j, end=' ') 과 같이 줄바꿈없이 변수 j를 출력한다.

두 번째 for문이 두 번째 for문이 수행 완료되고 나면 print(' ')를 이용하여 줄바꿈을 실행해야 된다.

소스 코드

```
1:  for i in range(8) :
2:      for j in range(10) :
3:          print(j, end=' ')
4:      print(' ')
```

1: for문으로서 소속 문장을 8번 반복 수행한다.

2: for문으로서 소속 문장을 10번 반복 수행한다.

3: 두 번째 for문의 소속 문장으로서 이 경우 변수 j를 줄바꿈 없이 10번 출력한다.

4: 첫 번째 for문의 소속 문장으로서 두 번째 for문이 수행 완료되고 나면 줄바꿈을 실행한다.

해결문제 P65 다음과 같은 패턴을 출력하시오.
○ 이중 for문 사용   ○ print() 2회 사용

실행 결과

```
0 1 2 3 4 5 6 7 8 9
1 2 3 4 5 6 7 8 9 10
2 3 4 5 6 7 8 9 10 11
3 4 5 6 7 8 9 10 11 12
4 5 6 7 8 9 10 11 12 13
5 6 7 8 9 10 11 12 13 14
6 7 8 9 10 11 12 13 14 15
7 8 9 10 11 12 13 14 15 16
```

문제해결을 위한 논리적 사고

적용 포인트

▣ 이중 for문의 변수 활용
○ 출력 패턴의 규칙성의 맞는 변수 적용

적용예

```
for i in range(8) :
    for j in range(i, i+10) :
        print(j, end=' ')
    print(' ')
```

적용 이론

```
for i in range(a) :
        for j in range(b) :
```

과 같이 이중 for문을 적용하여 가로, 세로의 변화의 규칙성을 구현할 수 있다.

출력 패턴을 보면 먼저 가로의 변화는 0~9, 1~10, 2~11 등과 같이 변화한다. 이중 for문에서 두 번째 for문이 결정하게 되는 가로에서의 규칙성은 일단 10번 실행한다는 것이다. 또한 그 시작점은 0, 1, 2 등으로 이것은 변수 i와 같다는 규칙성이 있다.

또 모두 **8**줄이 출력되어 있는데 이것들을 모두 종합하면

```
for i in range(8) :
        for j in range(i, i+10) :
```

과 같이 표현할 수 있다. 이 상태에서 변수 j를 10번 출력하고 줄바꿈을 8번 반복하면 된다.

[T15. 이중 for문 참조]

문제 해결

문제에서의 패턴은 두 번째 for문의 변수 j를 가로로 10번 수행하고 이것 전체를 세로로 8번 출력한다.

여기서는 출력 문자가 특정한 규칙성을 가지고 있는데 이것은 [적용 이론]에서 살펴본 바와 같이 j를 i부터 시작하여 10번 출력하는 형태의 반복이다.

이와 같은 규칙성을 적용한 이중 for문을 작성하여 주어진 패턴을 출력한다.

소스 코드

```
1:  for i in range(8) :
2:      for j in range(i, i+10) :
3:          print(j, end=' ')
4:      print(' ')
```

1: for문으로서 i=0~7인 동안 소속 문장을 8번 반복 수행한다.

2: for문으로서 j는 i, i+1, i+2... i+9까지 소속 문장을 10번 반복 수행한다.

3: 두 번째 for문의 소속 문장으로서 이 경우 변수 j를 줄바꿈 없이 10번 출력한다.

4: 첫 번째 for문의 소속 문장으로서 두 번째 for문이 수행 완료되고 나면 줄바꿈을 실행한다.

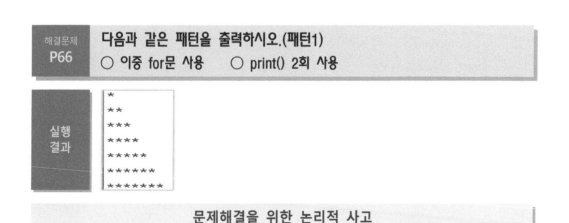

해결문제 P66

다음과 같은 패턴을 출력하시오.(패턴1)
○ 이중 for문 사용   ○ print() 2회 사용

실행 결과
```
*
**
***
****
*****
******
*******
```

문제해결을 위한 논리적 사고

■ 이중 for문을 이용한 패턴 출력
○ 출력 패턴의 규칙성 ➪ 두 번째 for문의 실행회수는 i+1번

적용예

```python
for i in range(7) :
    for j in range(i+1) :
        print('*', end=' ')
    print(' ')
```

적용 이론

이중 for문을 적용하여 가로, 세로의 변화의 규칙성을 구현할 수 있다.

주어진 패턴은 다음과 같은 규칙성을 가지고 있다.

> $i=0$일 때 j를 1번 실행 ('*'를 1번 출력)
> $i=1$일 때 j를 2번 실행 ('*'를 2번 출력)
>   ‥‥‥
> $i=6$일 때 j를 7번 실행 ('*'를 7번 출력)

이 규칙성을 i와 j의 관계식으로 표시하면 $j=i+1$ 과 같이 표현할 수 있다.

규칙성을 표현하는 이 수식을 이중 for문에 적용하면 된다. [T15. 이중 for문 참조]

문제 해결

앞에서 살펴본 바와 같이 문제에서의 패턴의 규칙성을 표시하는 수식은 $j=i+1$ 과 같다. 이것을 이중 for문에 적용하면

```python
for i in range(7) :
    for j in range(i+1) :
        print('*', end=' ')
    print(' ')
```

과 같이 작성할 수 있다.

소스 코드

```
1:  for i in range(7) :
2:      for j in range(i+1) :
3:          print('*', end=' ')
4:      print(' ')
```

1: for문으로서 i=0~6인 동안 소속 문장을 7번 반복 수행한다.

2: for문으로서 j는 소속 문장을 i+1번 반복 수행한다.

3: 두 번째 for문의 소속 문장으로서 '*'을 줄바꿈 없이 i+1번 출력한다.

4: 첫 번째 for문의 소속 문장으로서 두 번째 for문이 수행 완료되고 나면 줄바꿈을 실행한다.

예제 P66-1	다음과 같은 패턴을 출력하시오. ○ 이중 for문 사용 ○ print() 2회 사용

```
0
0 1
0 1 2
0 1 2 3
0 1 2 3 4
0 1 2 3 4 5
0 1 2 3 4 5 6
```

해결문제 P67	다음과 같은 패턴을 출력하시오.(패턴2) ○ 이중 for문 사용 ○ print() 2회 사용

실행 결과	

```
* * * * * * *
* * * * * *
* * * * *
* * * *
* * *
* *
*
```

문제해결을 위한 논리적 사고

적용 포인트	■ 이중 for문을 이용한 패턴 출력 ○ 출력 패턴의 규칙성 ⇨ 두 번째 for문의 실행회수는 7 - i 번

```
for i in range(7) :
    for j in range(7-i) :
        print('*', end=' ')
    print(' ')
```

적용 이론

주어진 패턴은 다음과 같은 규칙성을 가지고 있다.

> i=0일 때 j를 7번 실행 ('*'를 7번 출력)
> i=1일 때 j를 6번 실행 ('*'를 6번 출력)
>
>   ......
>
> i=6일 때 j를 1번 실행 ('*'를 1번 출력)

이 규칙성을 i와 j의 관계식으로 표시하면 j=7−i 같이 표현할 수 있다.

규칙성을 표현하는 이 수식을 이중 for문에 적용하면 된다. [T15. 이중 for문 참조]

문제 해결

앞에서 살펴본 바와 같이 문제에서의 패턴의 규칙성을 표시하는 수식은 j=7−i 같다. 이것을 이중 for문에 적용하면

```
for i in range(7) :
    for j in range( 7 − i ) :
        print('*', end=' ')
    print(' ')
```

과 같이 작성할 수 있다.

소스 코드

```
1:  for i in range(7) :
2:      for j in range( 7 - i ) :
3:          print('*', end=' ')
4:      print(' ')
```

1: for문으로서 i=0~6인 동안 소속 문장을 7번 반복 수행한다.

2: for문으로서 j는 소속 문장을 7-i번 반복 수행한다.

3: 두 번째 for문의 소속 문장으로서 '*'을 줄바꿈 없이 7-i번 출력한다.

4: 첫 번째 for문의 소속 문장으로서 두 번째 for문이 수행 완료되고 나면 줄바꿈을 실행한다.

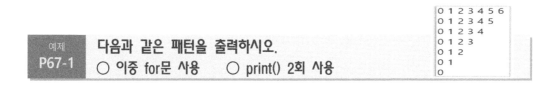

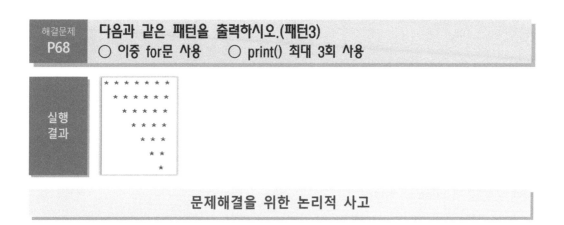

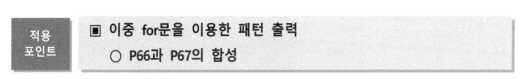

적용 이론

이번 문제는 패턴의 합성에 대한 문제로서 P66의 패턴1과 P67의 패턴2를 라인별로 합성하여 재구성하면 주어진 패턴을 구현할 수 있다. 이때 패턴1의 크기는 1작게 구성해야 되고, '*'가 아닌 공백문자 ' '를 사용해야 된다. [T15. 이중 for문 참조]

문제 해결

문제에서 주어진 패턴은 패턴1과 패턴2를 가로로 합성한 것이다. 합성의 구체적인 형태는 패턴1을 한 줄 출력하고 이어서 패턴2를 한 줄 출력하고, 줄바꿈을 수행하고를 끝까지 반복하면 요구된 패턴을 구현할 수 있다. 여기서 패턴 구성상 패턴 1은 '*'가 아니라 공백으로 구성해야 하고 또 패턴1은 가로 출력 횟수가 1적게 출력을 해야 전체적으로 요구된 패턴과 출력 패턴이 동일해진다. 이것을 코딩해 보면,

```
for i in range(7) :
    for j in range( i ) :
            print(' ', end=' ')
    for j in range( 7 - i ) :
            print('*', end=' ')
    print(' ')
```

과 같이 작성할 수 있다.

소스 코드

```
1:  for i in range(7) :
2:      for j in range( i ) :
3:          print(' ', end=' ')
4:      for j in range( 7 - i ) :
5:          print('*', end=' ')
6:      print(' ')
```

1: for문으로서 i=0~6인 동안 소속 문장을 7번 반복 수행한다.

2~3: for문으로서 공백문자 ' '을 i번 출력한다.

4~5: for문으로서 '*'을 7-i번 출력한다.

6: 첫 번째 for문의 소속 문장으로서 두 번째와 세 번째 for문이 수행 완료되고 나면 줄바꿈을 실행한다.

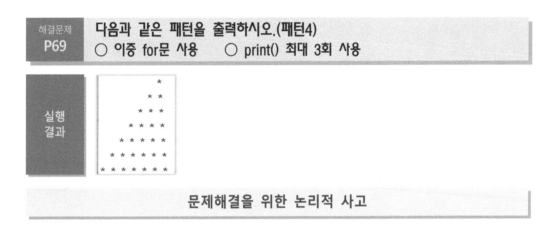

해결문제 P69	다음과 같은 패턴을 출력하시오.(패턴4) ○ 이중 for문 사용　　○ print() 최대 3회 사용

실행 결과	

문제해결을 위한 논리적 사고

적용 포인트	■ 이중 for문을 이용한 패턴 출력 　○ P67과 P66의 합성

적용 이론

이번 문제는 패턴의 합성에 대한 문제로서 P67의 패턴2와 P66의 패턴1을 라인별로 합성하여 재구성하면 주어진 패턴을 구현할 수 있다. 이때 패턴2의 크기는 1작게 구성해야 되고, '*'가 아닌 공백문자 ' '를 사용해야 된다. [T15. 이중 for문 참조]

문제 해결

문제에서 주어진 패턴은 패턴2와 패턴1을 가로로 합성한 것이다. 합성의 구체적인 형태는 패턴2를 한 줄 출력하고 이어서 패턴1을 한 줄 출력하고, 줄바꿈을 수행하고를 끝까지 반복하면 요구된 패턴을 구현할 수 있다. 여기서 패턴 구성상 패턴2는 '*'가 아니라 공백으로 구성해야 하고 또 패턴2는 가로 출력 횟수가 1적게 출력을 해야 전체적으로 요구된 패턴과 출력 패턴이 동일해진다. 이것을 코딩해 보면

```
for i in range(7) :
    for j in range( 6 - i ) :
            print(' ', end=' ')
    for j in range( i+1 ) :
            print('*', end=' ')
        print(' ')
```

과 같이 작성할 수 있다.

소스 코드

```
1:  for i in range(7) :
2:      for j in range( 6 - i ) :
3:          print(' ', end=' ')
4:      for j in range( i+1 ) :
5:          print('*', end=' ')
6:      print(' ')
```

1:   for문으로서 i=0~6인 동안 소속 문장을 7번 반복 수행한다.

2~3: for문으로서 공백문자 ' '을 i번 출력한다.

4~5: for문으로서 '*'을 7-i번 출력한다.

6:   첫 번째 for문의 소속 문장으로서 두 번째와 세 번째 for문이 수행 완료되고 나면 줄바꿈을 실행한다.

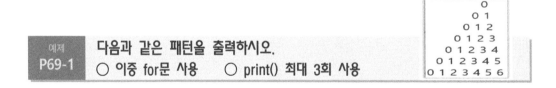

예제 P69-1 다음과 같은 패턴을 출력하시오.
○ 이중 for문 사용   ○ print() 최대 3회 사용

```
0
0 1
0 1 2
0 1 2 3
0 1 2 3 4
0 1 2 3 4 5
0 1 2 3 4 5 6
```

다음과 같은 패턴을 출력하시오.
○ 이중 for문 사용

```
*
**
***
****
*****
****
***
**
*
```

문제해결을 위한 논리적 사고

적용
포인트

■ 이중 for문을 이용한 패턴 출력
○ P66과 P67 패턴의 세로 합성

적용 이론

주어진 패턴은 P66의 패턴1과, P67의 패턴2를 세로로 합성하여 구성할 수 있다. 이때 패턴2는 크기가 1작게 구성하여 합성해야 전체 패턴이 동일하게 된다. [T15. 이중 for문 참조]

문제 해결

문제에서 주어진 패턴은 패턴1과 패턴2를 세로로 합성한 패턴이다. 구체적인 합성 방법은 패턴1을 모두 출력하고 이어서 패턴2를 모두 출력하는 형태이다. 이때 패턴2는 크기가 1작게 구성해야 전체 패턴이 동일해진다. 이것을 코딩해 보면,

```python
for i in range(5) :
    for j in range( i+1 ) :
        print('*', end=' ')
    print(' ')
for i in range(4) :
    for j in range( 4 - i ) :
        print('*', end=' ')
    print(' ')
```

과 같이 작성할 수 있다.

소스 코드

```
1:  for i in range(5) :
2:      for j in range( i+1 ) :
3:          print('*', end=' ')
4:      print(' ')
5:  for i in range(4) :
6:      for j in range( 4 - i ) :
7:          print('*', end=' ')
8:      print(' ')
```

1: for문으로서 i=0~4인 동안 소속 문장을 5번 반복 수행한다.

2~3: for문으로서 '*'을 i+1번 출력한다.

4: 두 번째와 for문이 수행 완료되고 나면 줄바꿈을 실행한다.

5: for문으로서 i=0~3인 동안 소속 문장을 4번 반복 수행한다.

6~7: for문으로서 '*'을 4-i번 출력한다.

8: 두 번째와 for문이 수행 완료되고 나면 줄바꿈을 실행한다.

```
0
01
012
0123
01234
0123
012
01
0
```

예제 P70-1	다음과 같은 패턴을 출력하시오. ○ 이중 for문 사용

해결문제 P71	다음과 같은 패턴을 출력하시오. ○ 이중 for문 사용

실행 결과	

▣ 이중 for문을 이용한 패턴 출력
○ P67과 P66 패턴의 세로 합성

적용 이론

문제에서의 패턴은 앞에서 구현된 P67의 패턴2와, P66의 패턴1을 세로로 순서대로 합하여 구성할 있다. 이때 패턴1은 2부터 시작하는 패턴을 구성하여 합성을 해야 동일한 패턴을 구할 수 있게 된다. [T15. 이중 for문 참조]

문제 해결

문제에서 주어진 패턴은 P67의 패턴2와 P66의 패턴1을 세로로 합성한 패턴이다. 구체적인 합성 방법은 패턴2를 모두 출력하고 이어서 패턴1을 모두 출력하는 형태이다. 이때 패턴1은 2부터 시작하는 형태로 구성해야 전체 패턴이 동일해진다. 이것을 코딩해 보면,

```python
for i in range(5) :
    for j in range( 5 - i ) :
        print('*', end=' ')
    print(' ')
for i in range(4) :
    for j in range( i+2 ) :
        print('*', end=' ')
    print(' ')
```

과 같이 작성할 수 있다.

소스 코드

```
1:  for i in range(5) :
2:      for j in range( 5 - i ) :
3:          print('*', end=' ')
4:      print(' ')
5:  for i in range(4) :
6:      for j in range( i+2 ) :
7:          print('*', end=' ')
8:      print(' ')
```

1: for문으로서 i=0~4인 동안 소속 문장을 5번 반복 수행한다.

2~3: for문으로서 '*'을 5-i번 출력한다.

4: 두 번째와 for문이 수행 완료되고 나면 줄바꿈을 실행한다.

5: for문으로서 i=0~3인 동안 소속 문장을 4번 반복 수행한다.

6~7: for문으로서 '*'을 i+2번 출력한다.

8: 두 번째와 for문이 수행 완료되고 나면 줄바꿈을 실행한다.

예제 P71-1	다음과 같은 패턴을 출력하시오.
	○ 이중 for문 사용
		```01234```
		```0123```
		```012```
		```01```
		```0```
		```01```
		```012```
		```0123```
		```01234```

해결문제 P72	다음과 같은 패턴을 출력하시오. ○ 이중 for문 사용

실행 결과	

■ 이중 for문을 이용한 패턴 출력
○ P69과 P68 패턴의 세로 합성

적용 이론

P69의 패턴4와, P68의 패턴3을 세로로 합성하면 제시된 패턴을 구현할 수 있다. 이 때 패턴
3은 크기가 1작게 구성해야 전체 패턴이 동일하게 된다. [T15. 이중 for문 참조]

문제 해결

문제에서 주어진 패턴은 패턴4와 패턴3을 세로로 합성한 패턴이다. 구체적인 합성 방법은
패턴4를 모두 출력하고 이어서 패턴3을 모두 출력하는 형태이다. 이때 패턴3은 크기가 1작
게 구성해야 패턴이 동일해진다. 이러한 사항을 반영하여 코딩해 보면,

소스 코드

```
 1:  for i in range(5):
 2:      for j in range(4-i):
 3:          print(' ',end='')
 4:      for j in range(i+1):
 5:          print('*',end='')
 6:      print('')
 7:  for i in range(4):
 8:      for j in range(i+1):
 9:          print(' ',end='')
10:      for j in range(4-i):
11:          print('*',end='')
12:      print('')
```

1: for문으로서 i=0~4인 동안 소속 문장을 5번 반복 수행한다.

2~3: for문으로서 ' '을 4-i번 출력한다.

4~5: for문으로서 '*'을 i+1번 출력한다.

6: 앞의 for문이 수행 완료되고 나면 줄바꿈을 실행한다.

7: for문으로서 i=0~3인 동안 소속 문장을 5번 반복 수행한다.

8~9: for문으로서 ' '을 i+1번 출력한다.

10~11: for문으로서 '*'을 4-i번 출력한다.

12: 앞의 for문이 수행 완료되고 나면 줄바꿈을 실행한다.

예제 P72-1	다음과 같은 패턴을 출력하시오. ○ 이중 for문 사용	

해결문제 P73	다음과 같은 패턴을 출력하시오. ○ 이중 for문 사용

실행 결과	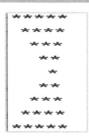

문제해결을 위한 논리적 사고

적용 포인트	▣ 이중 for문을 이용한 패턴 출력 　○ P68과 P69 패턴의 세로 합성

적용 이론

P68의 패턴3과 P69의 패턴4를 세로로 합성하면 제시된 패턴을 구현할 수 있다. 이때 패턴4는 2부터 시작하게 구성해야 전체 패턴이 동일하게 된다. [T15. 이중 for문 참조]

문제 해결

문제에서 주어진 패턴은 패턴3과 패턴4를 세로로 합성한 패턴이다. 구체적인 합성 방법은 패턴3을 모두 출력하고 이어서 패턴4를 모두 출력하는 형태이다. 이때 패턴4는 2부터 시작하도록 구성해야 전체 패턴이 동일해진다.

소스 코드

```
1:  for i in range(5):
2:      for j in range(i):
3:          print(' ',end='')
4:      for j in range(5-i):
5:          print('*',end='')
6:      print('')
7:  for i in range(4):
8:      for j in range(3-i):
9:          print(' ',end='')
10:     for j in range(i+2):
11:         print('*',end='')
12:     print('')
```

1:   for문으로서 i=0~4인 동안 소속 문장을 5번 반복 수행한다.

2~3: for문으로서 ' '을 i번 출력한다.

4~5: for문으로서 '*'을 5-i번 출력한다.

6:   앞의 for문이 수행 완료되고 나면 줄바꿈을 실행한다.

7:   for문으로서 i=0~3인 동안 소속 문장을 5번 반복 수행한다.

8~9: for문으로서 ' '을 3-i번 출력한다.

10~11: for문으로서 '*'을 i+2번 출력한다.

12: 앞의 for문이 수행 완료되고 나면 줄바꿈을 실행한다.

```
01234
#0123
##012
###01
####0
###01
##012
#0123
01234
```

예제 P73-1 다음과 같은 패턴을 출력하시오.
○ 이중 for문 사용

해결문제 P74 다음과 같은 패턴을 출력하시오.
○ 이중 for문 사용

실행 결과
```
*
***
*****
*******
*********
***********
```

문제해결을 위한 논리적 사고

적용 포인트 ▣ 이중 for문에서 규칙성 표현
○ 1-3-5-7-9-11 ⇨ i=0,1,2,3,4,5 ⇒ j = i*2+1

적용 이론

이중 for문의 변수를 각각 i, j라 하면 주어진 패턴은 다음과 같이 표시할 수 있다.

i=0일 때 j를 1번 실행 ('*'를 1번 출력)
i=1일 때 j를 3번 실행 ('*'를 3번 출력)
i=2일 때 j를 5번 실행 ('*'를 5번 출력)
i=3일 때 j를 7번 실행 ('*'를 7번 출력)
i=4일 때 j를 9번 실행 ('*'를 9번 출력)
i=5일 때 j를 11번 실행 ('*'를 11번 출력)

i=0 ⇨ j⇒1
i=1 ⇨ j⇒3
i=2 ⇨ j⇒5
i=3 ⇨ j⇒7
i=4 ⇨ j⇒9
i=5 ⇨ j⇒11

이 패턴의 규칙성을 변수 i와 j에 대한 관계를 살펴보면 i가 1증가하면 j는 2씩 증가한다. 그러므로 이들의 관계식은 j=i*2와 같은 형태가 되어야 된다. 이 식에 i값을 대입해보면

    i=0 ⇨ j=0

    i=1 ⇨ j=2

    i=2 ⇨ j=4

       .....

와 같이 되어 j의 값이 1작은 상태가 된다. 그러므로 관계식에 1을 증가시키면 j=i*2+1과 같이 표현되고 이 관계식은 주어진 규칙성을 만족시킬 수 있다. 이것을 이중 for문을 적용하면 주어진 패턴을 구현할 수 있다. [T15. 이중 for문 참조]

문제 해결

문제에서 주어진 패턴은 특별한 규칙을 가지고 있는데 이 규칙은 [적용 이론]에서 살펴본 바와 같이 j=i*2+1과 같이 표현할 수 있고 이것을 이중 for문에 적용해야 한다.

먼저 주어진 패턴은 6라인으로 구성되어 있다. 그러므로 첫 번째 for문의 범위는 6으로 표기되어야 하고 for i in range(6) :와 같이 표현한다.

주어진 패턴의 1-3-5-7-9-11은 두 번째 for문의 범위를 결정하는 것으로써 앞에서 구해진 관계식은 이 두 번째 for문의 범위가 되어야 한다. 이 사항을 적용하면 두 번째 for문은 for i in range(i*2+1) :과 같이 표현할 수 있다.

그러므로 이중 for문은

    for i in range(6) :

        for i in range(i*2+1) :

과 같이 구성할 수 있고 이 형태로 '*'를 출력하는 코드를 작성한다.

소스 코드

```
1:  for i in range(6) :
2:      for i in range(i*2+1) :
3:          print('*',end='')
4:      print('')
```

1: for문으로 i=0~5인 동안 소속 문장을 6번 반복 수행한다.

2~3: for문으로 '*'를 i*2+1번 출력한다.

4: 두 번째 for문이 수행 완료되고 나면 줄바꿈을 실행한다.

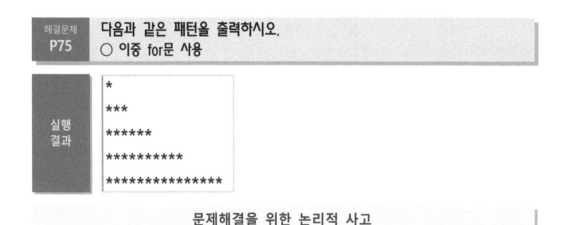

예제 P74-1	다음과 같은 패턴을 출력하시오. ○ 이중 for문 사용

```
1
123
12345
1234567
123456789
1234567891011
```

해결문제 P75	다음과 같은 패턴을 출력하시오. ○ 이중 for문 사용

실행 결과

```
*
***
******
**********
***************
```

문제해결을 위한 논리적 사고

적용 포인트

■ 이중 for문에서 규칙성 표현

○ 1-3-6-10-15 ⇨ 이전에 비해 '*'의 증가 : 1-2-3-4-5

○ 이 규칙성을 구현하기 위해 새로운 변수 추가 필요

적용 이론

문제에서 주어진 패턴의 규칙성은 현재의 *의 수를 0으로 초기화하여 여기에다 1을 더하여 1개, 여기에 2를 더하여 3개, 여기에 3을 더하여 6개 등과 같이 *의 수를 결정하는 규칙성을 가지고 있다. 이것을 도식화하면 다음과 같다.

i 값	이전 *의수에 더하는 값(i+1)	*의 수(n) 0
i=0	1	1
i=1	2	3
i=2	3	6
i=3	4	10
i=4	5	15

위의 표에서 보면 *의 증가 값은 라인별로 1-2-3-4-5와 같이 증가하고 있고 이것은 바로 i+1인 관계에 있다. 이러한 관계식을 이용하여 주어진 패턴을 구현한다. [T15. 이중 for문 참조]

문제 해결

주어진 패턴은 5라인으로 구성되어 있기 때문에 첫 번째 for문은 for i in range(5) :와 같이 구성한다.

현재 라인의 *의 개수를 n이라 하면 두 번째 for문은 for i in range(n) :과 같이 구성할 수 있다. 여기서 n의 값을 결정해야 하는데 n의 초기값을 0이라 두면 현재 시점의 *의 수 n은 n=n+i+1과 같이 구해진다. 즉 현재의 n에 i+1을 더하면 다음의 n이 결정된다는 의미이다. 이와 같이하여 코드를 구성하면

```
n=0
for i in range(5) :
    n=n+i+1
    for i in range(n) :
        print('*', end=' ')
    print(' ')
```

과 같이 표현된다.

소스 코드

```
1:  n=0
2:  for i in range(5):
3:      n=n+i+1
```

```
4:        for j in range(n):
5:            print('*',end='')
6:        print('')
```

1: *의 수를 의미하는 n을 0으로 초기화한다.

2: for문으로 i=0~4인 동안 소속 문장을 5번 반복 수행한다.

3: 이전의 n에 i+1을 더하여 새로운 n(*의 수)을 결정한다.

4: for문으로 i=0~n-1인 동안 소속 문장을 n번 반복 수행한다.

5: '*'을 n번 출력한다.

6: 두 번째 for문의 실행이 완료되는 줄 바꿈을 수행한다.

```
1
123
123456
12345678910
123456789101112131415
```

예제
P75-1 **다음과 같은 패턴을 출력하시오.**
○ 이중 for문 사용

해결문제
P76 **다음과 같은 패턴을 출력하시오.**
○ 이중 for문 사용

실행
결과

```
*
**
****
*******
***********
```

문제해결을 위한 논리적 사고

적용
포인트

■ **이중 for문에서 규칙성 표현**

○ 1-2-4-7-11 ⇨ 이전에 비해 '*'의 증가 : 0-1-2-3-4

○ 이 규칙성을 구현하기 위해 새로운 변수 추가 필요

적용 이론

문제에서 주어진 패턴의 규칙성은 현재의 *의 수를 1로 초기화하여 여기에다 0을 더하여 1개, 여기에 1을 더하여 2개, 여기에 2를 더하여 4개 등과 같이 *의 수를 결정하는 규칙성을 가지고 있다. 이것을 도식화하면 다음과 같다.

i 값	이전 *의수에 더하는 값(i+1)	*의 수(n)
		1
i=0	0	1
i=1	1	2
i=2	2	4
i=3	3	7
i=4	4	11

위의 표에서 보면 *의 증가 값은 라인별로 0-1-2-3-4와 같이 증가하고 있고 이것은 바로 i와 동일한 관계에 있다. 이러한 관계식을 이용하여 주어진 패턴을 구현한다. [T15. 이중 for문 참조]

문제 해결

주어진 패턴은 5라인으로 구성되어 있기 때문에 첫 번째 for문은 for i in range(5) :와 같이 구성한다.

첫 번째 라인의 *의 개수를 n이라 하면 두 번째 for문은 for i in range(n) :과 같이 구성할 수 있다. 여기서 n의 값을 결정해야 하는데 n의 초기값을 1이라 두면 현재 시점의 *의 수 즉, n은 n=n+i와 같이 구해진다. 즉 현재의 n에 i를 더하면 다음의 n이 결정된다는 의미이다. 이와 같이 하여 코드를 구성하면

```
n=1
for i in range(5) :
    n=n+i
    for i in range(n) :
        print('*', end=' ')
    print(' ')
```

과 같이 표현된다.

소스 코드

```
1:  n=1
2:  for i in range(5):
3:      n=n+i
4:      for j in range(n):
5:          print('*',end='')
6:      print('')
```

1: *의 수를 의미하는 n을 1로 초기화한다.

2: for문으로 i=0~4인 동안 소속 문장을 5번 반복 수행한다.

3: 이전의 n에 i를 더하여 새로운 n(*의 수)을 결정한다.

4: for문으로 i=0~n−1인 동안 소속 문장을 n번 반복 수행한다.

5: '*'을 n번 출력한다.

6: 두 번째 for문의 실행이 완료되는 줄바꿈을 수행한다.

예제 P76-1	다음과 같은 패턴을 출력하시오. ○ 이중 for문 사용

```
1
12
1234
1234567
1234567891011
```

해결문제 P77	알파벳 A에서 Z까지 출력하는 프로그램 ○ 이중 for문 사용

실행 결과	ABCDEFGHIJKLMNOPQRSTUVWXYZ

문제해결을 위한 논리적 사고

적용 포인트	■ **아스키코드** 　○ 'A'　⇨　**100 0001**로 저장　⇨　10진수 : 65 　○ 'B'　⇨　**100 0010**으로 저장　⇨　10진수 : 66 ■ **아스키코드 표시 함수 :**　chr(65) ⇒ 'A'	
적용예	c = chr(65) print(c)　　　　　　　　⇨　**A 출력** print(chr(66))　　　　　⇨　**B 출력**	

적용 이론

T16. 아스키(ASCII) 코드 및 변환 함수

아스키 코드(ASCII)는 American Standard Code for information interchange로서 미국표준 정보교환용 7비트 코드를 의미하고 현재 PC에 이 코드를 적용하여 사용되고 있다.

우리가 컴퓨터 키보드로 'A'를 타이핑하면 컴퓨터는 이것을 **100 0001**로 저장한다.

문자에 대해 이러한 코드값과 같이 저장하기로 약속되어 있는 것이다.

만일 'B'를 타이핑하면 컴퓨터는 **100 0010**을 저장한다. 이와 같이 아스키 코드는 영문자 알파벳, 특수문자 등을 의미하는 코드들이 순서대로 약속되어있다.

검색 포탈에서 아스키 코드를 타이핑하면 다음과 같이 아스키 코드표를 확인할 수 있다.

DEC	HEX	OCT	Char	DEC	HEX	OCT	Char	DEC	HEX	OCT	Char
10	0A	012	Ctrl-J LF	53	35	065	5	96	60	140	`
11	0B	013	Ctrl-K VT	54	36	066	6	97	61	141	a
12	0C	014	Ctrl-L FF	55	37	067	7	98	62	142	b
13	0D	015	Ctrl-M CR	56	38	070	8	99	63	143	c
14	0E	016	Ctrl-N SO	57	39	071	9	100	64	144	d
15	0F	017	Ctrl-O SI	58	3A	072	:	101	65	145	e
16	10	020	Ctrl-P DLE	59	3B	073	:	102	66	146	f
17	11	021	Ctrl-Q DCI	60	3C	074	<	103	67	147	g
18	12	022	Ctrl-R DC2	61	3D	075	=	104	68	150	h
19	13	023	Ctrl-S DC3	62	3E	076	>	105	69	151	i
20	14	024	Ctrl-T DC4	63	3F	077	?	106	6A	152	j
21	15	025	Ctrl-U NAK	64	40	100	@	107	6B	153	k
22	16	026	Ctrl-V SYN	65	41	101	A	108	6C	154	l
23	17	027	Ctrl-W ETB	66	42	102	B	109	6D	155	m
24	18	030	Ctrl-X CAN	67	43	103	C	110	6E	156	n
25	19	031	Ctrl-Y EM	68	44	104	D	111	6F	157	o

이 표는 아스키 코드표의 일부를 표시한 것으로서 대문자 'A'는 10진수로 65, 16진수로 41로 약속되어 있음을 확인할 수 있다. 여기서 16진수 41을 2진수로 표시하면 100 0001이다. 또한 소문자 'a'는 97로 약속되어 있음을 확인할 수 있다.

파이썬에서는 이러한 아스키 코드값을 입력하면 그 문자를 반환하는 기능을 가지고 있는 함수가 있는데 바로 chr() 함수이다.

즉, chr(65)로 표기하면 이것은 아스키 코드에서 65에 해당하는 문자인 대문자 A를 의미하게 된다.

이 기능을 for문에 적용하면 알파벳을 A~Z까지 연속적으로 출력할 수 있다.

문제 해결

주어진 문제의 요구사항은 알파벳 A~Z까지를 화면상에 출력하는 것이다. 먼저 print() 함수를 이용하여 바로 알파벳을 출력할 수도 있지만, 아스키 코드를 이용하여 출력하게 되면 연속적으로 출력하기가 쉬워진다.

아스키 코드값을 문자로 변환해 주는 함수는 chr()로서, chr(65)를 하면 65값을 대문자 A로 변환해 준다. 아스키 코드는 A~Z가 65~90까지로 약속되어 있어 chr() 함수를 이용하여 65~90까지를 출력하면 다음 코드와 같이 A~Z까지를 모두 출력할 수 있다.

```
for a in range(65,91):
    print('%c'%chr(a), end=' ')
```

```
for a in range(26):
    print('%c'%chr(65+a), end=' ')
```

소스 코드

```
1:  for a in range(26):
2:      print('%c'%chr(65+a), end=' ')
```

1: for문으로 a=0~25인 동안 소속 문장을 26번 반복 수행한다.

2: for문 소속 문장으로 chr(65+a)를 26번 출력한다.

알파벳 A에서 Z까지 10번 출력하는 프로그램

```
ABCDEFGHIJKLMNOPQRSTUVWXYZ
ABCDEFGHIJKLMNOPQRSTUVWXYZ
ABCDEFGHIJKLMNOPQRSTUVWXYZ
ABCDEFGHIJKLMNOPQRSTUVWXYZ
ABCDEFGHIJKLMNOPQRSTUVWXYZ
ABCDEFGHIJKLMNOPQRSTUVWXYZ
ABCDEFGHIJKLMNOPQRSTUVWXYZ
ABCDEFGHIJKLMNOPQRSTUVWXYZ
ABCDEFGHIJKLMNOPQRSTUVWXYZ
ABCDEFGHIJKLMNOPQRSTUVWXYZ
```

다음과 같은 알파벳 패턴을 출력하는 프로그램(패턴5)

실행 결과	
| | ```
A
AB
ABC
ABCD
ABCDE
ABCDEF
ABCDEFG
ABCDEFGH
ABCDEFGHI
ABCDEFGHIJ
ABCDEFGHIJK
ABCDEFGHIJKL
ABCDEFGHIJKLM
ABCDEFGHIJKLMN
ABCDEFGHIJKLMNO
ABCDEFGHIJKLMNOP
ABCDEFGHIJKLMNOPQ
ABCDEFGHIJKLMNOPQR
ABCDEFGHIJKLMNOPQRS
ABCDEFGHIJKLMNOPQRST
ABCDEFGHIJKLMNOPQRSTU
ABCDEFGHIJKLMNOPQRSTUV
ABCDEFGHIJKLMNOPQRSTUVW
ABCDEFGHIJKLMNOPQRSTUVWX
ABCDEFGHIJKLMNOPQRSTUVWXY
ABCDEFGHIJKLMNOPQRSTUVWXYZ
``` |

문제해결을 위한 논리적 사고

적용 포인트	▣ chr() 함수를 이용한 알파벳 패턴 출력 ▣ 이중 for문 이용한 패턴의 규칙성 적용
| 적용예 | ```
for a in range(26):
    for b in range(26):
        print('%c'%chr(65+b), end=' ')
``` |

적용 이론

주어진 알파벳 패턴은 전체적으로 A부터 시작하여 1개, 2개, 3개 등과 같이 알파벳을 표기하는 규칙성을 가지고 있다. 이것을 첫 번째 for문의 변수 a와 연계하여 도식화해보면 다음과 같이 표시할 수 있다.

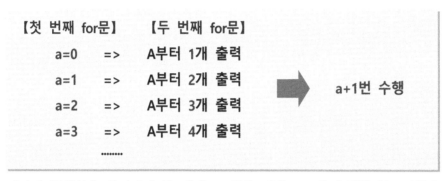

여기서 규칙성을 살펴보면 두 번째 for문은 매번 a+1번 수행한다는 규칙을 가지고 있다. 이와 같은 규칙성에 대해 전체 프로그램 구성을 살펴보면 다음과 같이 정리할 수 있다. 주어진 패턴이 26라인이므로 첫 번째 for문은 26번 수행이 되어야 하고, 두 번째 for문은 a+1번을 수행하면 된다. 이것을 코드로 표시하면 다음과 같이 표현할 수 있다.

```
for a in range(26):
    for b in range(a+1):
```

문제 해결

주어진 문제의 요구사항은 알파벳의 표기가 삼각형의 모양이 되도록 라인별로 알파벳의 개수를 점차 늘려나가면서 출력하는 것이다. 이때 알파벳의 시작은 항상 A부터이다.

앞서 이론에서 살펴봤듯이 표현의 규칙성은 두 번째 for문의 실행 횟수는 a+1번이라는 것이다. 첫 번째 for문은 전체 패턴이 26라인이라 26번 수행해야 하므로 for a in range(26): 와 같이 표현할 수 있다. 두 번째 for문을 a+1번 수행한다고 했으니 for b in range(a+1):와 같이 표현이 가능하다. 이러한 사항을 종합하여 전체 프로그램을 구성해 보면 [소스 코드]에 표기된 프로그램과 같이 표현할 수 있다.

소스 코드

```
1:  for a in range(26):
2:      for b in range(a+1):
3:          print('%c'%chr(65+b), end=' ')
4:      print(' ')
```

1: for문으로 a=0~25인 동안 소속 문장을 26번 반복 수행한다.

2~3: for문으로서 chr(65+b)를 a+1번 출력한다.

4: 두 번째 for문 수행 완료 후 줄 바꿈을 실행한다.

해결문제 P79	다음과 같은 알파벳 패턴을 출력하는 프로그램(패턴6)

실행 결과	ABCDEFGHIJKLMNOPQRSTUVWXYZ ABCDEFGHIJKLMNOPQRSTUVWXY ABCDEFGHIJKLMNOPQRSTUVWX ABCDEFGHIJKLMNOPQRSTUVW ABCDEFGHIJKLMNOPQRSTUV ABCDEFGHIJKLMNOPQRSTU ABCDEFGHIJKLMNOPQRST ABCDEFGHIJKLMNOPQRS ABCDEFGHIJKLMNOPQR ABCDEFGHIJKLMNOPQ ABCDEFGHIJKLMNOP ABCDEFGHIJKLMNO ABCDEFGHIJKLMN ABCDEFGHIJKLM ABCDEFGHIJKL ABCDEFGHIJK ABCDEFGHIJ ABCDEFGHI ABCDEFGH ABCDEFG ABCDEF ABCDE ABCD ABC AB A

문제해결을 위한 논리적 사고

적용 포인트	▣ chr() 함수를 이용한 알파벳 패턴 출력 ▣ 이중 for문 이용한 패턴의 규칙성 적용
적용예	for a in range(26): for b in range(26-a):

적용 이론

주어진 알파벳 패턴은 전체적으로 A부터 시작하여 26개, 25개, 24개 등과 같이 알파벳을 표기하는 규칙성을 가지고 있다. 이것을 첫 번째 for문의 변수 a와 연계하여 도식화해보면 다음과 같이 표시할 수 있다.

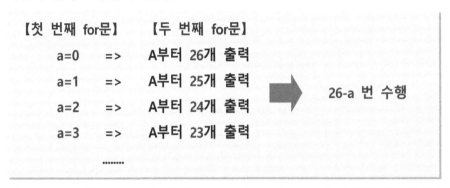

여기서 규칙성을 살펴보면 두 번째 for문은 매번 26-a번 수행한다는 규칙을 가지고 있다. 이와 같은 규칙성에 대해 전체 프로그램 구성을 살펴보면 다음과 같이 정리할 수 있다. 주어진 패턴이 26라인이므로 첫 번째 for문은 26번 수행이 되어야 하고, 두 번째 for문은 a+1번을 수행하면 된다. 이같은 사항을 코드로 표시하면 다음과 같이 표현할 수 있다.

```
for a in range(26):
    for b in range(26-a):
```

문제 해결

주어진 문제의 요구사항은 알파벳의 표기가 역삼각형의 모양이 되도록 라인별로 알파벳의 개수를 점차 줄여나가면서 출력하는 것이다. 이때 알파벳의 시작은 항상 A부터이다.

앞서 이론에서 살펴봤듯이 표현의 규칙성은 두 번째 for문의 실행 횟수는 26-a번이라는 것이다. 첫 번째 for문은 전체 패턴이 26라인이라 26번 수행해야 하므로 for a in range(26): 와 같이 표현할 수 있다. 두 번째 for문을 26-a번 수행한다고 했으니 for b in range(26-a): 와 같이 표현이 가능하다. 이러한 사항을 종합하여 전체 프로그램을 구성해 보면 [소스 코드]에 표기된 프로그램과 같이 표현할 수 있다.

소스 코드

```
1:  for a in range(26):
2:      for b in range(26-a):
3:          print('%c'%chr(65+b), end=' ')
4:      print(' ')
```

1: for문으로 a=0~25인 동안 소속 문장을 26번 반복 수행한다.

2~3: for문으로서 chr(65+b)를 26-a번 출력한다.

4: 두 번째 for문 수행 완료 후 줄 바꿈을 실행한다.

해결문제 P80	다음과 같은 알파벳 패턴을 출력하는 프로그램

실행 결과	ABCDEFGHIJKLMNOPQRSTUVWXYZ BCDEFGHIJKLMNOPQRSTUVWXYZ CDEFGHIJKLMNOPQRSTUVWXYZ DEFGHIJKLMNOPQRSTUVWXYZ EFGHIJKLMNOPQRSTUVWXYZ FGHIJKLMNOPQRSTUVWXYZ GHIJKLMNOPQRSTUVWXYZ HIJKLMNOPQRSTUVWXYZ IJKLMNOPQRSTUVWXYZ JKLMNOPQRSTUVWXYZ KLMNOPQRSTUVWXYZ LMNOPQRSTUVWXYZ MNOPQRSTUVWXYZ NOPQRSTUVWXYZ OPQRSTUVWXYZ PQRSTUVWXYZ QRSTUVWXYZ RSTUVWXYZ STUVWXYZ TUVWXYZ UVWXYZ VWXYZ WXYZ XYZ YZ Z

문제해결을 위한 논리적 사고

적용 포인트	▣ chr() 함수를 이용한 알파벳 패턴 출력 ▣ 이중 for문 이용한 패턴의 규칙성 적용
적용예	for a in range(26): for b in range(a,26):

적용 이론

주어진 알파벳 패턴은 전체적으로 A부터 시작하여 Z까지, B부터 시작하여 Z까지, C부터 시작하여 Z까지, D부터 시작하여 Z까지 등과 같이 해서 26줄 동안 알파벳을 표기하는 규칙성을 가지고 있다. 이것을 첫 번째 for문의 변수 a와 연계하여 도식화를 하면 다음과 같이 표시할 수 있다.

【첫 번째 for문】		【두 번째 for문】	
a=0	=>	$A_{(65+0)}$부터 $Z_{(65+25)}$까지 출력	a부터 시작
a=1	=>	$B_{(65+1)}$부터 $Z_{(65+25)}$까지 출력	
a=2	=>	$C_{(65+2)}$부터 $Z_{(65+25)}$까지 출력	Z(25)로 끝남
a=3	=>	$D_{(65+3)}$부터 $Z_{(65+25)}$까지 출력	
		....	

여기서 규칙성을 살펴보면 두 번째 for문은 첫 번째 변수 a에 맞춰서 시작하여 매번 Z 즉 25로 끝이 난다. 여기서 65는 print()문에 적용할 때 반영하기로 한다.

정리하면 두 번째 for문은 a부터 시작하여 25에서 끝나는 범위를 설정하면 되고 for b in range(a,26): 과 같이 표현할 수 있다.

첫 번째 for문은 패턴이 26라인을 출력하기 때문에 for a in range(26): 와 같이 26번 수행할 수 있게 표현해야 한다.

이같은 사항을 코드로 표시하면 다음과 같이 표현할 수 있다.

```
for a in range(26):
    for b in range(a,26):
```

문제 해결

주어진 문제의 요구사항은 알파벳의 표기가 역삼각형의 모양이 되도록 라인별로 알파벳의 개수를 점차 줄여나가면서 출력하는 것이다. 이때 알파벳의 시작은 A부터, B부터, C부터, D부터 시작하는 형태로 시작이 계속 달라지는 형태이고, 끝은 항상 Z를 출력해야 한다. 따라서 두 번째 for문의 범위는 가변적 형태인 a에서 시작하여 25로 끝나야 한다. 이것을 for문으로 표현하면 for b in range(25−a,26): 와 같이 표현할 수 있다. 첫 번째 for문은 26번 실행해야 하므로 범위를 26으로 설정하면 된다. 이와 같이 구성된 이중 for문에 대해 chr() 함수를 이용하여 작성한 프로그램은 [소스 코드]에 기술되어 있다.

소스 코드

```
1:  for a in range(26):
2:      for b in range(a,26):
3:          print(chr(65+b),end='')
4:      print('')
```

1: for문으로 a=0~25인 동안 소속 문장을 26번 반복 수행한다.

2~3: for문으로서 chr(65+b)를 주어진 범위 동안 출력한다.

4: 두 번째 for문 수행 완료 후 줄 바꿈을 실행한다.

해결문제 P81	다음과 같은 알파벳 패턴을 출력하는 프로그램
실행 결과	Z YZ XYZ WXYZ VWXYZ UVWXYZ TUVWXYZ STUVWXYZ RSTUVWXYZ QRSTUVWXYZ PQRSTUVWXYZ OPQRSTUVWXYZ NOPQRSTUVWXYZ MNOPQRSTUVWXYZ LMNOPQRSTUVWXYZ KLMNOPQRSTUVWXYZ JKLMNOPQRSTUVWXYZ IJKLMNOPQRSTUVWXYZ HIJKLMNOPQRSTUVWXYZ GHIJKLMNOPQRSTUVWXYZ FGHIJKLMNOPQRSTUVWXYZ EFGHIJKLMNOPQRSTUVWXYZ DEFGHIJKLMNOPQRSTUVWXYZ CDEFGHIJKLMNOPQRSTUVWXYZ BCDEFGHIJKLMNOPQRSTUVWXYZ ABCDEFGHIJKLMNOPQRSTUVWXYZ

문제해결을 위한 논리적 사고

적용 포인트	▣ chr() 함수를 이용한 알파벳 패턴 출력 ▣ 이중 for문 이용한 패턴의 규칙성 적용
| 적용예 | ```
for a in range(26):
    for b in range(25-a,26):
``` |
```

적용 이론

주어진 알파벳 패턴은 전체적으로 Z부터 시작하여 1개, Y부터 시작하여 2개, X부터 시작하여 3개, W부터 시작하여 4개 등과 같이 알파벳을 표기하는 규칙성을 가지고 있다. 이것을 첫 번째 for문의 변수 a와 연계하여 도식화해보면 다음과 같이 표시할 수 있다.

【첫 번째 for문】　　【두 번째 for문】

a=0	=>	Z(65+25)부터 Z까지 출력(끝: Z)
a=1	=>	Y(65+24)부터 Z까지 출력(끝: Z)
a=2	=>	X(65+23)부터 Z까지 출력(끝: Z)
a=3	=>	W(65+22)부터 Z까지 출력(끝: Z)

25-a부터 시작

Z(25)로 끝남

여기서 규칙성을 살펴보면 두 번째 for문은 25-a부터 시작하여 매번 Z로 끝이 난다. 여기서 Z는 65+25이니 65는 마지막에 처리한다고 생각하면 Z를 표기하기 위해서는 25를 적용하면 된다. 정리하면 두 번째 for문은 25-a부터 시작하여 25에서 끝나는 범위를 설정하면 되고 for b in range(25-a,26): 과 같이 표현할 수 있다.

첫 번째 for문은 패턴이 26라인을 출력하기 때문에 for a in range(26): 와 같이 26번 수행할 수 있게 표현해야 한다.

이같은 사항을 코드로 표시하면 다음과 같이 표현할 수 있다.

```
for a in range(26):
    for b in range(25-a,26):
```

문제 해결

주어진 문제의 요구사항은 알파벳의 표기가 삼각형의 모양이 되도록 라인별로 알파벳의 개수를 점차 늘려가면서 출력하는 것이다. 이때 알파벳의 시작은 Z부터, Y부터, X부터, W부터 시작하는 형태로 시작이 계속 달라지는 형태이고, 끝은 항상 Z를 출력해야 한다.

따라서 두 번째 for문의 범위는 가변적 형태인 25-a에서 시작하여 25로 끝나야 한다. 이것을 for문으로 표현하면 for b in range(25-a,26): 와 같이 표현할 수 있고 첫 번째 for문은 26번 실행해야 하므로 범위를 26으로 설정하면 된다. 이와 같이 구성된 이중 for문에 대해 chr() 함수를 이용하여 작성한 프로그램은 [소스 코드]에 기술되어 있다.

소스 코드

```
1:  for a in range(26):
2:      for b in range(25-a,26):
3:          print(chr(65+b),end='')
4:      print('')
```

1: for문으로 a=0~25인 동안 소속 문장을 26번 반복 수행한다.

2~3: for문으로서 chr(65+b)를 주어진 범위 동안 출력한다.

4: 두 번째 for문 수행 완료 후 줄 바꿈을 실행한다.

해결문제 P82	다음과 같은 알파벳 패턴을 출력하는 프로그램

실행 결과	ABCDEFGHIJKLMNOPQRSTUVWXYZ ^BCDEFGHIJKLMNOPQRSTUVWXY ^^CDEFGHIJKLMNOPQRSTUVWX ^^^DEFGHIJKLMNOPQRSTUVW ^^^^EFGHIJKLMNOPQRSTUV ^^^^^FGHIJKLMNOPQRSTU ^^^^^^GHIJKLMNOPQRST ^^^^^^^HIJKLMNOPQRS ^^^^^^^^IJKLMNOPQR ^^^^^^^^^JKLMNOPQ ^^^^^^^^^^KLMNOP ^^^^^^^^^^^LMNO ^^^^^^^^^^^^MN

문제해결을 위한 논리적 사고

적용 포인트	▣ chr() 함수를 이용한 알파벳 패턴 출력 ▣ 이중 for문 이용한 패턴의 규칙성 적용

적용예	```for a in range(13):```
	``` for b in range(a):```
	``` for b in range(a,26-a):```

적용 이론

주어진 알파벳 패턴은 A부터 시작하여 Z까지, B부터 시작하여 Y까지, C부터 시작하여 X까지, D부터 시작하여 W까지 등과 같이 알파벳을 표기하는 규칙성을 가지고 있는 패턴이다. 이것을 첫 번째 for문의 변수 a와 연계하여 도식화해보면 다음과 같이 표시할 수 있다.

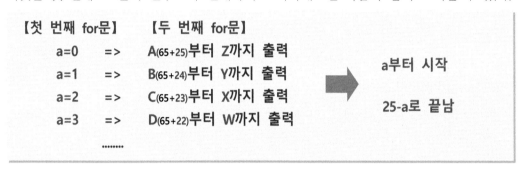

여기서 규칙성을 살펴보면 두 번째 for문은 a부터 시작하여 25-a로 끝이 난다. 따라서 두 번째 for문은 for b in range(a,26-a) :과 같이 구성할 수 있다.

문제 해결

주어진 문제의 요구사항은 알파벳의 표기가 역삼각형의 모양이 되도록 라인별로 알파벳의 개수를 점차 줄여나가면서 출력하는 것이다. 이때 알파벳의 시작은 A부터 Z까지, B부터 Y까지, C부터 X까지, D부터 W까지 등과 같이 A부터 계속 커지고 있고 끝은 Z부터 계속 작아지다가 13라인에서 시작과 같이 만나는 형태로 패턴을 구성하고 있다.

따라서 두 번째 for문의 범위는 가변적 형태인 a에서 시작하여 25-a로 끝나는 형태로 반복 수행이 되어야 한다.

이것을 for문으로 표현하면 for b in range(a,26-a): 와 같이 표현할 수 있고, 또한 시작과 끝 부분 양쪽에서 줄어드는 형태의 구성이므로 전체적으로 13라인만 출력하면 모든 라인이 출력 완료되는 형태이므로 13라인만 수행하면 된다. 따라서 첫 번째 for문은 for a in range(13) :과 같이 표현하여야 한다.

이와 같이 구성된 이중 for문에 대해 chr() 함수를 이용하여 프로그램을 작성하면 다음과 같이 표현할 수 있다.

```
for a in range(13):
    for b in range(a,26-a):
        print(chr(65+b),end='')
    print('')
```

여기서 시작 부분이 삼각형 모양의 '⌄' 패턴이 들어가 있다. 이 패턴은 p66의 패턴1과 동일한 것으로 이 패턴1을 라인 단위로 조합하여 구성하고 '⌄' 기호를 출력하면 주어진 패턴을 구성할 수 있다.

소스 코드

```
1:  for a in range(13):
2:      for b in range(a):
3:          print('^',end='')
4:      for b in range(a,26-a):
5:          print(chr(65+b),end='')
6:      print('')
```

1:   for문으로 a=0~12인 동안 소속 문장을 13번 반복 수행한다.

2~3: for문으로서 '⌄'를 a번 출력한다.

4~5: for문으로서 'chr(65+b)'를 b의 범위구간 동안 출력한다.

6:   두 번째 for문 수행 완료 후 줄바꿈을 실행한다.

| 해결문제 P83 | 다음과 같은 알파벳 패턴을 출력하는 프로그램 |

실행 결과

```
A
AB
ABC
ABCD
ABCDE
ABCDEF
ABCDEFG
ABCDEFGH
ABCDEFGHI
ABCDEFGHIJ
ABCDEFGHIJK
ABCDEFGHIJKL
ABCDEFGHIJKLM
ABCDEFGHIJKL
ABCDEFGHIJK
ABCDEFGHIJ
ABCDEFGHI
ABCDEFGH
ABCDEFG
ABCDEF
ABCDE
ABCD
ABC
AB
A
```

적용
포인트

■ chr() 함수를 이용한 알파벳 패턴 출력

■ 이중 for문 이용한 패턴의 규칙성 적용

적용예

```
for a in range(13):
    for b in range(a+1):
for a in range(12):
    for b in range(12-a):
```

적용 이론

P79의 패턴5와 P80의 패턴6을 세로로 합성하면 주어진 패턴을 구현할 수 있다. 이때 패턴5는 13라인까지만 구성하고 패턴6은 12라인에 대해 12-a번 수행하는 실행하는 것으로 구성하여 합성하여야 한다.

문제 해결

주어진 알파벳 패턴은 패턴5와 패턴 6을 세로로 합성한 것이다. P79의 패턴5는 두 번째 for문이 a번 수행하게 되어 있고 26라인까지 수행하게 되어 있지만 여기서는 13라인 까지만 수행하는 형태로 구성해야 한다.

또한 P80의 패턴6은 두 번째 for문의 출력 횟수를 기존 25-a번에서 **12-a**번으로 줄여서 표현해야 되고, 26라인 출력이 아니라 **12**라인으로 출력해야 제시된 패턴과 동일한 패턴을 구성할 수 있다.

이 두 패턴은 세로로 합성이 되어야 하므로 이것까지 반영하여 코딩을 하면 다음과 같은 세로로 합성된 이중 for문 프로그램이 된다.

```
for a in range(13):
    for b in range(a+1):
        print(chr(65+b),end='')
    print('')
for a in range(12):
    for b in range(12-a):
        print(chr(65+b),end='')
    print('')
```

여기서 시작 부분이 삼각형 모양의 '^' 패턴이 들어가 있다. 이 패턴은 P66의 패턴1과 동일한 것으로 이 패턴1을 라인 단위로 조합하여 구성하고 '^' 기호를 출력하면 주어진 패턴을 구성할 수 있다.

소스 코드

```
1:  for a in range(13):
2:      for b in range(a+1):
3:          print(chr(65+b),end='')
4:      print('')
5:  for a in range(12):
6:      for b in range(12-a):
7:          print(chr(65+b),end='')
8:      print('')
```

1: for문으로 a=0~12인 동안 소속 문장을 13번 반복 수행한다.

2~3: for문으로서 chr(65+b)를 a+1번 출력한다.

4: 두 번째 for문 수행 완료 후 줄 바꿈을 실행한다.

5: for문으로 a=0~11인 동안 소속 문장을 12번 반복 수행한다.

6~7: for문으로서 'chr(65+b)'를 12-a번 출력한다.

8: 두 번째 for문 수행 완료 후 줄 바꿈을 실행한다.

다음과 같은 알파벳 패턴을 출력하는 프로그램

실행
결과

```
A
A C
A C E
A C E G
A C E G I
A C E G I K
A C E G I K M
A C E G I K M O
A C E G I K M O Q
A C E G I K M O Q S
A C E G I K M O Q S U
A C E G I K M O Q S U W
A C E G I K M O Q S U W Y
```

문제해결을 위한 논리적 사고

적용
포인트

■ chr() 함수를 이용한 알파벳 패턴 출력
■ 이중 for문 이용한 패턴의 규칙성 적용

적용예

```
for a in range(13):
    for b in range(0,a*2+1,2):
```

적용 이론

주어진 패턴은 A부터 시작하고, 2씩 증가하고, 출력 개수가 1-2-3-4..와 같이 알파벳을 출력하고 있다. 따라서 **13라인**을 출력해야 하므로 첫 번째 for문의 범위는 13이고, 라인별 출력이 A부터 시작하고, 2씩 증가하는 형태이므로 두 번째 for문의 범위는 (0,**a*2+1**,2)로 설정할 수 있다.

문제 해결

주어진 알파벳 패턴은 13라인을 출력해야 하므로 첫 번째 for문을 for a in range(13): 과 같이 구성하고 한다.
가로 출력이 **A**부터 시작하고, 알파벳 번호상 2씩 증가하게 되어 있어 두 번째 for문의 범위는 (0,**a*2+1**,2)과 같이 설정을 하면 for b in range(0,a*2+1,2): 과 같이 코드를 구성할 수 있다. 이와 같은 사항을 반영하여 프로그램을 작성하면 다음과 같다.

```
for a in range(13):
    for b in range(0,a*2+1,2):
        print(chr(65+b),end=' ')
    print('')
```

소스 코드

```
1:  for a in range(13):
2:      for b in range(0,a*2+1,2):
3:          print(chr(65+b),end=' ')
4:      print('')
```

1: for문으로 a=0~12인 동안 소속 문장을 13번 반복 수행한다.

2~3: for문으로서 chr(65+b)를 주어진 범위 동안 출력한다.

4: 두 번째 for문 수행 완료 후 줄 바꿈을 실행한다.

해결문제 P85	다음과 같은 알파벳 패턴을 출력하는 프로그램

실행 결과	

```
A
BC
DEF
GHIJ
KLMNO
PQRSTU
VWXYZ
```

문제해결을 위한 논리적 사고

적용 포인트	▣ chr() 함수를 이용한 알파벳 패턴 출력 ▣ 규칙성을 구현하기 위한 새로운 변수 추가

적용예	```for a in range(26): chr(65+a)```

적용 이론

주어진 패턴은 A부터 Z까지의 문자 출력을 수행하면서 a=0일 때 1개, a=1일 때 2개, a=2일 때 3개 등과 같이 알파벳 출력 후 줄 바꿈을 수행하는 형태를 가지고 있다. 이와 같이 A~Z 까지 출력하는 동안의 규칙성을 도식화하면 다음과 같다.

```
【첫 번째 for문】      【두 번째 for문】
   a=0    =>     A 출력      [1개 출력 후 줄바꿈]
   a=1    =>     BC 출력     [2개 출력 후 줄바꿈]
   a=2    =>     DEF 출력    [3개 출력 후 줄바꿈]
   a=3    =>     DHIJ 출력  [4개 출력 후 줄바꿈]
          ········          n
```

여기서 두 개의 변수가 추가로 필요한 데, 첫 번째는 몇 개의 문자 출력 후 줄 바꿈을 수행하는 가변 기준이 되는 n과 출력을 카운트하는 cnt 변수가 필요하다.
여기서 처음에 변수 n은 한 문자 출력 후 줄 바꿈이기 때문에 초기값을 1로 두고 이후 줄 바꿈이 실행될 때마다 1씩 증가시키면 된다.
몇 줄 출력했는지를 카운터하는 변수인 cnt는 초기값을 0으로 두고, 문자 출력이 일어날 때마다 1씩 증가시킨다.
또한 cnt는 줄 바꿈이 일어나면 다시 0으로 초기화시킨다.
이와 같은 작업을 알파벳 출력이 마감될 때까지 수행하면 주어진 패턴을 구현할 수 있다.

문제 해결

문제에서의 패턴을 구현하기 위해 두 개의 변수가 추가로 필요하다고 하였다.
첫째는 줄 바꿈의 가변 기준(1,2,3,4...)이 되는 변수 n이고, 둘째는 이 기준을 판단하기 위해 몇 개의 문자를 출력했는지를 카운트하는 변수인 cnt이다.
두 변수의 초기값은 각각 [적용 이론]에 의하면 n=1, cnt=0 으로 하고, n은 줄 바꿈이 일어날 때마다 1씩 증가시키고, cnt는 문자가 출력될 때마다 1씩 증가시키고, 줄 바꿈이 일어나면 0으로 초기화시킨다. 이와 같은 사항을 반영하여 코딩하면 다음과 같은 프로그램을 작성할 수 있다.

```
n=1                      ⇨ 줄 바꿈 기준 초기화 : 1,2,3,4로 가변
cnt=0                    ⇨ 알파벳 출력 횟수 초기화
for a in range(26):
    print(chr(65+a),end=' ')
    cnt=cnt+1            ⇨ 알파벳 출력 횟수를 1증가
    if cnt==n:          ⇨ 줄 바꿈의 여부 판단
        print(' ')
        n = n+1         ⇨ 줄 바꿈 기준을 1증가
        cnt=0           ⇨ 알파벳 출력 횟수를 0으로 초기화
```

소스 코드

```
1:  n=1
2:  cnt=0
3:  for a in range(26):
4:      print(chr(65+a),end=' ')
5:      cnt=cnt+1
6:      if cnt==n:
7:          print(' ')
8:          n = n+1
9:          cnt=0
```

1: 줄 바꿈 기준 변수인 n을 1로 초기화 한다.

2: 문자 출력 횟수 카운트 변수인 cnt를 0으로 초기화 한다.

3: for문으로 a=0~25인 동안 소속 문장을 26번 반복 수행한다.

4: 지정된 문자를 출력한다.

5: cnt 변수를 1증가 시킨다.

6: 줄 바꿈의 기준 여부를 판단한다.

7: 줄 바꿈의 기준이 참이면 줄 바꿈을 수행한다.

8: 줄 바꿈을 수행하고 나면 줄 바꿈 기준을 1증가 시킨다

9: 줄 바꿈을 수행하고 나면 문자 출력 횟수 카운트 변수인 cnt를 0으로 초기화 시킨다.

구구단의 단수를 입력하면 해당 구구단을 출력하는 프로그램

실행
결과

```
구구단 단수 = 7
7 x 1 = 7
7 x 2 = 14
7 x 3 = 21
7 x 4 = 28
7 x 5 = 35
7 x 6 = 42
7 x 7 = 49
7 x 8 = 56
7 x 9 = 63
```

문제해결을 위한 논리적 사고

적용
포인트

■ 구구단의 규칙성 파악

■ 반복문을 이용한 일괄 처리

적용예

```
for a in range(1,10):
    print('%d x %d = %d'%(n, a, n*a))
```

적용 이론

구구단은 axb=a*b의 형태로 주어진다고 했을 때, 여기서 a는 단수로서 같은 단이면 모두
동일한 값을 가지게 되고 b는 1~9까지 9줄에 걸쳐 표기가 되어야 한다. 이때 결과에 해당되
는 a*b는 모양 그대로 a와 b값을 곱한 값을 표기하면 된다.

여기서 반복문인 for문을 이용하면 이 경우 변수 b의 for문 적용 범위를 1~9까지로 두면 된다.

문제 해결

먼저 구구단 단수 n을 입력받아 nxb=n*b의 형태를 9번 반복해서 출력하는 형태를 구현한
다. 여기서 입력받은 변수 n은 고정이고 변수 b의 실행 범위는 1~9까지이다.

이런 사항을 종합하여 코딩하면 다음과 같이 표현할 수 있다.

```
n = int(input('구구단 단수 = '))
for b in range(1,10):
    print('%d x %d = %d'%(n, b, n*b))
```

소스 코드

```
1:  n = int(input('구구단 단수 = '))
2:  for b in range(1,10):
3:      print('%d x %d = %d'%(n, b, n*b))
```

1: 구구단 단수를 입력받아 변수 n에 저장한다.

2: for문으로 "n x b = n*b"의 형태를 9번 출력한다.

3: 입력받은 구구단 단수를 출력한다.

해결문제 P87	1~1000 사이의 정수 중 다음과 같이 증가하는 수들의 합 ○ 1+2+4+7+11+16+22+29+37+⋯
실행 결과	sum = 15225
	문제해결을 위한 논리적 사고
적용 포인트	▣ 1+2+4+7+11+16... 수열의 규칙성 파악 & 구현

적용 이론

주어진 수열의 규칙성은 앞의 수에 대해 다음 수의 증가값이 1씩 증가하는 형태의 구조이다. 이것을 도식화하면 다음과 같이 표현된다.

더하는 값(s)	1	+ 2	+ 4	+ 7	+ 11	+ 16	....
증가값(a)		1	2	3	4	5	....

여기서 증가값 a를 for문의 변수로 두고 그 범위를 (1,1001)로 둔다. 이 경우 for문은 **for a in range(1,1001):** 과 같이 표현된다.

이 상태에서 더하는 값 s를 생성하면서 누적 덧셈을 수행하면 된다. 새로운 s값의 생성 방법은 s=s+a와 같이 된다. 누적 덧셈을 수행할 때 s가 1000을 초과하면 누적 덧셈을 중단하고 이때까지의 합이 최종 누적 덧셈값이 된다.

문제 해결

문제에서 증가값이 1,2,3,4...와 같이 1씩 증가하므로 증가값 변수 a를 for문에 적용시킨다. 이 경우 for문은 for a in range(1,1001): 과 같이 표현할 수 있다.

여기에서 더하는 값인 변수 s는 초기값을 1로 두고 이후 a값을 더하는 구조로 되어있다. 따라서 s=s+a로써 새로운 s값을 생성하고 s값이 1000이내에서 계속적으로 누적 덧셈을 수행한다. 이 사항을 코딩하면 다음과 같이 표현할 수 있다.

```
s=1                    #더하는 값
sum = 0
for a in range(1,1001):
    sum = sum +s
    s=s+a              # 새로운 수열값 생성
    if s>1000:
        break          # 반복문을 강제로 중단시킴
print('sum = ',sum)
```

소스 코드

```
1:  s=1
2:  sum = 0
3:  for a in range(1,1001):
4:      sum = sum +s
5:      s=s+a
6:      if s>1000:
7:          break
8:  print('sum = ',sum)
```

1: 더하는 값 s를 1로 초기화한다.

2: 누적 합 변수 sum을 0으로 초기화한다.

3: for문으로 소속 문장을 1000번 수행한다.

4: 누적 덧셈을 수행한다.

5: 더하는 수 s를 새롭게 생성한다.

6~7: 더하는 수 s가 1000을 초과하면 반복문 실행을 중단한다.

8: 최종 누적합 변수 sum을 출력한다.

예제 P87-1 구구단을 출력하는 프로그램

```
2x1=02  3x1=03  4x1=04  5x1=05  6x1=06  7x1=07  8x1=08  9x1=09
2x2=04  3x2=06  4x2=08  5x2=10  6x2=12  7x2=14  8x2=16  9x2=18
2x3=06  3x3=09  4x3=12  5x3=15  6x3=18  7x3=21  8x3=24  9x3=27
2x4=08  3x4=12  4x4=16  5x4=20  6x4=24  7x4=28  8x4=32  9x4=36
2x5=10  3x5=15  4x5=20  5x5=25  6x5=30  7x5=35  8x5=40  9x5=45
2x6=12  3x6=18  4x6=24  5x6=30  6x6=36  7x6=42  8x6=48  9x6=54
2x7=14  3x7=21  4x7=28  5x7=35  6x7=42  7x7=49  8x7=56  9x7=63
2x8=16  3x8=24  4x8=32  5x8=40  6x8=48  7x8=56  8x8=64  9x8=72
2x9=18  3x9=27  4x9=36  5x9=45  6x9=54  7x9=63  8x9=72  9x9=81
```

해결문제 P88 [달팽이 우물 탈출하기]달팽이는 한번에 5m를 기어 올랐다가 1m 밑으로 미끄러진다. 50m 부터는 5m 올랐다가 2m 미끄러진다. 달팽이가 100m 우물을 몇 회 시도 만에 탈출할까

실행 결과 탈출!!
시도횟수 : 29회

문제해결을 위한 논리적 사고

적용 포인트
- ▣ 무한루프 구현방법 ⇨ while True:
- ▣ 반복문 실행 중단 ⇨ break

```
a=0
while True:              ⇨ 무한반복
    print('Hello!')      ⇨ Hello!를 100번 출력
    a=a+1
    if a==100:
        break            ⇨ 반복문 실행 중단
```

적용 이론

T17. 무한루프와 break

이 문제는 매번 올라간 누적 높이(h)를 기록해야 되고, 올라가는 횟수(cnt)를 기록해야 되기 때문에 2개의 변수를 필요로 한다.

그리고 몇 번을 시도해야 되는지 시작 시점에서는 알 수가 없기 때문에 100에 도달 할 때까지 계속 반복해야 한다.

이러한 경우에는 반복문을 무한 반복 수행하는 무한루프를 사용해야 하고 조건이 달성되면 무한 반복을 중단해야 한다.

여기서 무한루프는 while True:와 같이 표현하고, 반복문의 실행을 중단하는 기능은 break 가 수행한다. 이들을 같이 사용하면 다음과 같은 형태를 갖는다.

```
while True:
    ~
    break
```

문제 해결

이 문제에서는 달팽이가 올라간 누적 높이를 h라 두고, 오르기 시도 횟수를 cnt로 두면 이 두 변수는 초기값을 0으로 두어야 한다.

이어 오르기를 일단 무한 반복하기로 하면 무한루프인 while True: 를 사용한다. 무한루프 내에서 1회 시도에 무조건 5m를 오르기 때문에 h=h+5를 실행하고, 5m를 오른 후에는 높이가 50미만일 때는 1m 미끄러지고, 그 이상일 때는 2m 미끄러진다.

이에 대한 처리는 if문을 사용하여 if h<50: 이 참이면 h=h−1을 실행하고, 거짓이면 h=h−2 를 실행한다.

이때 100m 도달 여부는 각 시도에서 먼저 5m를 올라갔을 때 판단해야 한다. 따라서
목표 도달을 판정하는 if h>=100: 는 문장은 h=h+5 바로 다음에 적용하여 참이면 탈출 성공
이기 때문에 이 경우 무한루프를 break로 중단시키면 된다.

소스 코드

```
1:  cnt=0
2:  h=0
3:  while True:
4:      h=h+5
5:      cnt=cnt+1
6:      if h>=100:
7:          break
8:      elif h<50:
9:          h=h-1
10:     else:
11:         h=h-2
12: print('탈출!! \n시도횟수 : %d회'%cnt)
```

1: 시도 횟수 변수 cnt를 0으로 초기화한다.

2: 올라가 높이 변수 h를 0으로 초기화한다.

3: 무한 반복 수행하는 무한루프이다.

4: 달팽이가 5m 올라간다.

5: 시도 횟수를 1증가 시킨다.

6: 100m 도달 여부를 판단한다.

7: 100m 도달이 참이면 무한루프를 중단한다.

8: 높이가 50m 미만인지 판단한다.

9: 높이가 50m 미만이면 1m 미끄러진다.

10: 위의 elif문이 거짓(높이가 50m 이상)이다.

11: 높이가 50m 이상이기 때문에 2m 미끄러진다.

12: 실행 결과를 출력한다.

5

리스트

제7장　리스트

- 해결 문제 (P89~P120) / 실행결과 / 적용 포인트 / 적용예
- 적용 이론 / 문제 해결 / 소스 코드
- 예제 (P92-1~P120-1)

5부에서는 많은 값을 한꺼번에 저장할 수 있는 저장소가 필요한데, 이런 목적으로 만들어진 자료형이 바로 리스트입니다. 이 리스트를 사용해서 많은 값을 한 곳에 저장하여 관리하는 방법을 학습해 봅니다. 대용량의 자료를 저장하는 기본적인 구조 중에 하나인 리스트에 대한 개념과 해결해야 될 문제에 대한 실행 결과와 핵심 포인트가 무엇인지 그리고 적용예시를 통하여 문제 해결에 대한 소스 코드를 직접 작성을 해 봅니다.

해결문제 P89	다음의 데이터를 저장하고 일괄 출력하는 프로그램 ○ 7, 12, 5, 9, 16, 12, 3, 21
실행 결과	[7, 12, 5, 9, 16, 12, 3, 21]

문제해결을 위한 논리적 사고

적용 포인트	▣ 리스트 : 다수의 데이터 저장 & 처리 ▣ 리스트 데이터의 액세스 : a[0], a[1], a[2] 등
적용예	a=[7, 12, 5, 9, 16, 12, 3, 21] print(a)

적용 이론

T18. 리스트1

리스트는 한 번에 다수의 데이터를 저장하고 활용할 수 있는 기능을 가지고 있는 개념이다. 즉 리스트 개념을 이용하면 다음과 같이 대괄호 안에 콤마로 데이터를 구분하여 다음과 같이 기술하면 다수의 데이터를 일괄 저장할 수가 있다.

```
a = [2, 5, 8, 4, 6, 7, 3, 9]
```

이때 a를 리스트라 하고 리스트에 저장된 데이터를 리스트의 원소(element)라 한다. 이들 원소들을 각각 읽어오는 방법은 왼쪽부터 순서대로 a[0], a[1], a[2].... a[7] 과 같이 표기하면 각 원소들을 불러올 수 있다. 여기서 대괄로 [] 안에 적히는 숫자는 리스트의 일련번호로서 인덱스(index)라 한다.

예를 들어 print(a[2])를 실행하면 8이 출력된다.

원소가 하나도 없는 리스트도 생성할 수 있다. 이것은 비어있는 리스트라 하고 a=[]과 같이

설정하면 된다. 이때 리스트 a는 원소가 하나도 없는 상태의 리스트로 향후 원소를 추가할
수 있다.

문제 해결

주어진 데이터를 일괄 저장하는 방법은 앞의 [적용 이론]에서 살펴본 바와 같이 a=[7, 12, 5,
9, 16, 12, 3, 21] 과 같이 실행하면 된다. 또한 이 리스트 전체를 출력하기 위해서는 print(a)
와 같이 코드를 작성하면 된다.

소스 코드

```
1:  a=[7, 12, 5, 9, 16, 12, 3, 21]
2:  print(a)
```

1: 주어진 8개의 데이터를 리스트 a에 저장한다.
2: 리스트 a를 출력한다.

해결문제 P90	리스트에 다음 데이터를 저장하고 이 중 두 번째부터 네 번째까지의 데이터를 출력 ○ 8, 4, 11, 24, 9, 13, 18
실행 결과	[4, 11, 24]

문제해결을 위한 논리적 사고

적용 포인트	▣ 리스트의 슬라이싱 기법 　○ 두 번째에서 네 번째 : a[1:4]　⇨　a[1]~a[3] 　○ 처음부터 세 번째 :　 a[:3]　⇨　a[0]~a[2]
적용예	a=[8, 4, 11, 24, 9, 13, 18] print(a[3:6])　⇨　a[3]~a[5]　⇨　24, 9, 13

적용 이론

T19. 리스트2 : 슬라이싱(slicing)

리스트에서는 원소들을 불러오는 방법을 다양하게 지원하고 있다. 그 중에서도 슬라이싱의 개념은 리스트의 일부분을 액세스하는 방법으로서 매우 편리한 기능이다.

즉 list[a:b]라고 표기하면 list의 인덱스가 a이상, b미만인 데이터를 모두 액세스 하게 된다. 다음은 슬라이싱의 예시 프로그램이다.

```
a = [2, 5, 8, 4, 6, 7, 3, 9]
print(a[2:5])     ⇨     [8,4,6]
print(a[:5])      ⇨     [2, 5, 8, 4, 6]      ⇨   처음부터 시작
print(a[2:])      ⇨     [8, 4, 6, 7, 3, 9]   ⇨   마지막 까지
b = a[3:6]        ⇨   슬라이싱 결과를 새로운 리스트에 저장
print(b)          ⇨     [4, 6, 7]
```

문제 해결

리스트 a를 a=[8, 4, 11, 24, 9, 13, 18] 과 같이 저장하고 두 번째에서 네 번째 데이터를 액세스하기 위해서는 슬라이싱 기법을 이용하여 a[1:4]을 출력하면 된다.

소스 코드

```
1:  a=[8, 4, 11, 24, 9, 13, 18]
2:  print(a[1:4])
```

1: 주어진 8개의 데이터를 리스트 a에 저장한다.
2: 리스트 a를 출력한다.

리스트 a에 다음 데이터를 저장하고 for문을 이용하여 리스트 원소들을 출력하는 프로그램

○ 7, 12, 5, 9, 17

실행 결과

```
a[0] = 7
a[1] = 12
a[2] = 5
a[3] = 9
a[4] = 17
```

문제해결을 위한 논리적 사고

적용 포인트

■ 리스트 원소단위의 일괄 출력

○ for문을 이용하여 일괄 출력하는 방법

적용예

```
for i in range(5):
    print('a[%d]=%d'%(i,a[i]))
```

적용 이론

리스트 a의 원소들을 불러오는 방법은 a[0], a[1], a[2] .... 과 같이 표기하면 된다. [T18. 리스트1 참조]

문제 해결

먼저 리스트 a에 주어진 데이터를 저장하는 방법은 a=[7, 12, 5, 9, 17] 과 같이 표현하면 된다.

이와 같이 저장된 리스트의 데이터를 각각 출력하기 위해서는 a[0], a[1], a[2], a[3], a[4] 와 같이 5개의 개별 표기를 지정하여 출력하여야 한다.

이것은 for문을 이용하여 일괄처리 형태로 출력이 가능한데 이때 for문의 범위는 0~4까지로 지정하면 for i in range(5): 와 같이 작성하여 하나하나 출력할 수 있다.

소스 코드

```
1: a=[7, 12, 5, 9, 17]
2: for i in range(5):
3:     print('a[%d] = %d'%(i, a[i]))
```

1: 주어진 5개의 데이터를 리스트 a에 저장한다.

2: for문으로 소속 문장을 5회 반복한다.

3. for문의 소속 문장으로서 a[i]를 5회 출력한다.

해결문제 P92	정수 100개를 저장하는 변수를 선언하고 0~99까지의 수를 입력한 후 그 리스트를 출력하는 프로그램
실행 결과	[0, 1, 2, 3, 4, 5, 6, 7, 8, 9, 10, 11, 12, 13, 14, 15, 16, 17, 18, 19, 20, 21, 22, 23, 24, 25, 26, 27, 28, 29, 30, 31, 32, 33, 34, 35, 36, 37, 38, 39, 40, 41, 42, 43, 44, 45, 46, 47, 48, 49, 50, 51, 52, 53, 54, 55, 56, 57, 58, 59, 60, 61, 62, 63, 64, 65, 66, 67, 68, 69, 70, 71, 72, 73, 74, 75, 76, 77, 78, 79, 80, 81, 82, 83, 84, 85, 86, 87, 88, 89, 90, 91, 92, 93, 94, 95, 96, 97, 98, 99]

문제해결을 위한 논리적 사고

적용 포인트	■ 다수의 리스트 생성 방법 a = list(range(100))
적용예	a = list(range(100)) print(a)

적용 이론

T20. 리스트3 : 리스트의 생성 방법

리스트의 원소가 다수인 경우에는 range() 함수를 사용하여 바로 리스트 원소의 크기를 지정하여 선언할 수 있다. 예를 들어 100개의 원소로 구성되는 리스트를 선언하면 다음과 같다.

```
a = list(range(100))
```

이때 이 100개의 원소들의 변수명은 a[0], a[1], a[2] .... a[99]로 지정되며 각각의 원소의
값은 0, 1, 2 ....99와 같이 저장된다.

문제 해결

먼저 100개의 원소를 가진 리스트 a를 선언하는 방법은 a = list(range(100))와 같다.
리스트 a를 출력하기 위해서는 print(a)를 실행하면 된다.
이 리스트를 개별적으로 출력해보기 위해서는 다음과 같이 작성하면 된다.

```
a = list(range(100))
for i in range(100):
    print('a[%d] = %d'%(i, a[i]))
```

소스 코드

```
1:  a = list(range(100))
2:  print(a)
```

1: 100개의 원소를 갖는 리스트를 생성한다. (선언)
2: 리스트 a를 출력한다.

| 예제 P92-1 | 정수 100개를 저장하는 변수(a[])를 선언하고 0~99까지의 수를 입력한 후 n[0], n[3], n[6]···n[99]까지의 리스트 값을 출력 |

| 해결문제 P93 | 정수 100개를 저장하는 변수를 선언하고 각 변수에는 모두 0으로 초기화 하여 그 결과를 출력 |

문제해결을 위한 논리적 사고

적용 포인트	▣ 리스트의 생성 및 초기화 ▣ 리스트 원소의 입력
적용예	a = list(range(100)) a[5] = 0

적용 이론

원소가 100개인 리스트를 생성하는 방법은 a = list(range(100))과 같다. 이들 100개의 원소들을 모두 0의 값으로 초기화하는 방법은 for문을 이용하여 일괄처리로 모두 0을 입력하면 된다. [T20. 리스트3 : 리스트의 생성 방법 참조]

문제 해결

먼저 100개의 원소를 가진 리스트 a를 생성한 후 이 리스트의 모든 원소를 0으로 초기화 하기 위해서는 for문을 사용하여 모든 원소의 변수명에 0을 입력하면 다음과 같이 표현된다.

```
a = list(range(100))
for i in range(100):
    a[i] = 0
```

소스 코드

```
1:  a = list(range(100))
2:  for i in range(100):
3:      a[i] = 0
4:  print(a)
```

1: 100개의 원소를 갖는 리스트를 생성한다.

2: 소속문장을 100번 수행하는 for문이다.

3: for문의 소속 문장으로서 모든 리스트의 모든 원소에 0을 입력한다.

4: 리스트 a를 출력한다.

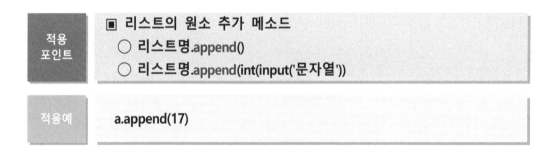

해결문제 P94	정수 5개를 입력받아 리스트에 저장하고 출력하는 프로그램

실행 결과	a[0]=7 a[1]=2 a[2]=5 a[3]=8 a[4]=3 a[0]=7 a[1]=2 a[2]=5 a[3]=8 a[4]=3

문제해결을 위한 논리적 사고

적용 포인트	▣ 리스트의 원소 추가 메소드 ○ 리스트명.append() ○ 리스트명.append(int(input('문자열')))

적용예	a.append(17)

적용 이론

T21. 리스트4 : 리스트의 원소 추가

리스트에 원소를 추가하는 방법은 리스트의 append() 함수를 사용하는 방법이다.

이 함수의 사용 형식은 다음과 같다.

> **리스트명.append()**

리스트 a=[3,1,6]에 대해 a.append(17)을 실행하면 a=[3,1,6,**17**] 과 같이 17이 원소의 마지막에 추가된다.

> **a=[3,1,6]**
> **a.append(17)**
> **print(a)**   ⇨ **[3,1,6,17] 출력**

여기서 input() 함수를 사용하면 프로그램의 실행 이후 입력으로 리스트의 원소를 추가할 수 있다. 이 방법의 형식은 다음과 같다.

> **리스트명.append(int(input('문자열'))**

프로그램 실행 이후 리스트 a에 정수를 입력받는 코드는 a.append(int(input('정수입력 : ')))과 같이 작성하면 된다. 이 코드를 이용하여 원소를 입력받는 프로그램은 다음과 같이 작성할 수 있다.

> **a=[3,1,6]**
> **a.append(int(input('정수입력 : ')))**   ⇨ **정수입력 : 22**
> **print(a)**   ⇨ **[3,1,6,22] 출력**

문제 해결

정수 5개를 입력받아 리스트에 저장하기 위해 먼저 a=[]와 같이 비어있는 리스트를 생성한다. 다음으로 리스트에 데이터를 입력받기 위해 append() 함수를 사용한다. 이때 5개의 정수를 입력받기 위해 다음 코드와 같이 for문을 이용하여 일괄로 입력받으면 편리하게 코딩할 수 있다. 이상의 내용을 종합하면 다음과 같이 프로그래밍 할 수 있다.

> **a=[]**
> **for i in range(5)**
>   **a.append(int(input('정수입력 : ')))**
> **print(a)**

이 프로그램을 문제에서 제시한 형태로 데이터를 입력받고, 출력하면 [소스 코드]와 같은 프로그램을 작성할 수 있다.

소스 코드

```
1:  a = []
2:  for i in range(5):
3:      a.append(int(input('a[%d]='%i)))
4:  for i in range(5):
5:      print('a[%d]=%d'%(i,a[i]))
```

1: 비어있는 리스트를 생성한다.

2: for문으로서 소속 문장을 5회 실행한다.

3: for문의 소속 문장으로서 원소를 5회 입력받아 리스트에 추가한다.

4: for문으로서 소속 문장을 5회 실행한다.

5: 리스트를 개별로 5회 출력한다.

해결문제 P95	정수 5개를 입력받아 저장하고, 저장된 모든 수에 2를 곱하여 다시 저장하고 출력

실행 결과	a[0]=7 a[1]=2 a[2]=5 a[3]=8 a[4]=3 a[0]=7 a[1]=2 a[2]=5 a[3]=8 a[4]=3

문제해결을 위한 논리적 사고

적용 포인트	▣ 리스트 원소들의 일괄 처리 기법1

적용예	for i in range(10): a[i] = a[i]*5

적용 이론

리스트의 모든 원소를 일괄처리하는 기법은 for문을 이용하여 반복 처리하는 방법이다. 예를 들어 원소의 개수가 5개인 리스트 a의 모든 원소에 2를 곱하여 다시 저장하는 코드는 다음과 같다.

```
for i in range(5):
    a[i] = a[i]*2
```

문제 해결

정수 5개를 입력받아 리스트에 저장하는 방법은 P98에서 제시된 방법을 적용한다. 이렇게 생성된 리스트 a의 모든 원소에 2를 곱하여 다시 저장하는 코드는 [적용 이론]과 같이 수행하면 된다. 이들 내용을 종합하면 [소스 코드]의 내용과 같은 프로그램을 작성할 수 있다.

소스 코드

```
1: a = []
2: for i in range(5):
3:     a.append(int(input('a[%d]='%i)))
4: for i in range(5):
5:     a[i] = a[i]*2
6: for i in range(5):
7:     print('a[%d]=%d'%(i,a[i]))
```

1: 비어있는 리스트를 생성한다.

2: for문으로서 소속 문장을 5회 실행한다.

3: for문의 소속 문장으로서 원소를 5회 입력받아 리스트에 추가한다.

4: for문으로서 소속 문장을 5회 실행한다.

5: 리스트 a의 모든 원소에 2를 곱하여 다시 저장한다.

6: for문으로서 소속 문장을 5회 실행한다.

7: 리스트 a를 개별로 출력한다.

정수 5개를 입력받아 저장하고, 저장된 수에 각각 1,2,3,4,5를
곱하여 저장하고 출력하는 프로그램

학생 10명의 점수를 입력받아 총점과 평균을 구하는 프로그램

```
d[0]=73
d[1]=57
d[2]=66
d[3]=71
d[4]=83
d[5]=69
d[6]=76
d[7]=92
d[8]=84
d[9]=77
총점 : 748,  평균 : 74.80
```

문제해결을 위한 논리적 사고

▣ 리스트 원소들의 일괄 처리 기법2
○ 리스트의 모든 원소들의 합

```
tot=0
for i in range(10):
    tot =  tot + a[i]
```

적용 이론

리스트의 원소를 모두 더하는 방법은 for문을 이용하여 누적 덧셈을 수행하는 것이다. 이때 누적 덧셈은 리스트의 인덱스를 이용하여 for문에서 일괄 액세스가 되기 때문에 리스트의 원소에 대해서도 적용이 가능하고 그 코드는 다음과 같이 표현할 수 있다.

```
sum=0
for i in range(10):
    sum =  tot + a[i]
```

문제 해결

학생 10명의 점수를 입력받는 코드는 **T21**에서 제시한 방법을 사용한다 [T21. 리스트4 : 리스트의 원소 추가 참조]

다음으로 점수의 총점을 구해야 하는데 이것은 [적용 이론]에서와 같이 리스트의 누적덧셈을 수행한다.

이어서 총점에다 학생 수를 나누어서 ave=tot/10과 같이 평균을 계산하고 마지막으로 총점과 평균을 출력하는 코드를 작성하면 [소스 코드]의 내용과 같은 프로그램을 작성할 수 있다.

소스 코드

```
1:  d = []
2:  for i in range(10):
3:      d.append(int(input('d[%d]='%i)))
4:  tot  = 0
5:  for i in range(10):
6:      tot = tot + d[i]
7:  avg = tot/10.0
8:  print('총점 : %d,  평균 : %0.2f'%(tot,avg))
```

1:   비어있는 리스트를 생성한다.
2:   for문으로서 소속 문장을 10회 실행한다.

3: for문의 소속 문장으로서 점수를 10회 입력받아 리스트에 추가한다.

4: 총점을 표시하는 변수 tot를 0으로 초기화 한다.

5~6: for문을 이용하여 리스트의 모든 원소를 다 더하여 tot에 저장한다.

7: 총점 변수인 tot에 10.0을 나누어서 평균을 구하여 변수 ave에 저장한다.

8: 총점과 평균을 출력한다.

<table>
<tr><td>예제
P96-1</td><td>학생 10명의 점수를 입력받아 종점, 평균, 분산, 표준편차를
구하는 프로그램</td></tr>
</table>

<table>
<tr><td>해결문제
P97</td><td>학생수를 입력받고 점수(국어, 영어, 수학)를 입력받아
각 학생들의 종점과 평균을 구하는 프로그램</td></tr>
</table>

<table>
<tr><td rowspan="2">실행
결과</td><td>
학생수 : 4
[학생1] 국어 : 88
[학생1] 영어 : 79
[학생1] 수학 : 82
[학생2] 국어 : 67
[학생2] 영어 : 71
[학생2] 수학 : 68
[학생3] 국어 : 87
[학생3] 영어 : 88
[학생3] 수학 : 91
[학생4] 국어 : 45
[학생4] 영어 : 64
[학생4] 수학 : 55
[학생0]-국어 : 88   영어 : 79   수학 : 82
 ==> 총점 : 249 평균 : 83.00
[학생1]-국어 : 67   영어 : 71   수학 : 68
 ==> 총점 : 206 평균 : 68.67
[학생2]-국어 : 87   영어 : 88   수학 : 91
 ==> 총점 : 266 평균 : 88.67
[학생3]-국어 : 45   영어 : 64   수학 : 55
 ==> 총점 : 164 평균 : 54.67
</td></tr>
</table>

문제해결을 위한 논리적 사고

<table>
<tr><td>적용
포인트</td><td>▣ 리스트 원소들의 일괄 처리 기법3
  ○ 다수 종류의 다수 리스트 데이터 처리</td></tr>
</table>

```
for i in range(1,n+1):
    kor.append(int(input('[학생%d] 국어 : '%i)))
    eng.append(int(input('[학생%d] 영어 : '%i)))
    mat.append(int(input('[학생%d] 수학 : '%i)))
```

적용 이론

학생수 n명에 대한 각각의 국어, 영어, 수학 점수를 입력받아 총점과 평균을 구하는 문제이다. 첫 번째 리스트 적용 방법은 국어, 영어, 수학 점수 리스트를 각각 kor, eng, mat로 두고 각 학생별 점수를 인덱스 0부터 순차적으로 입력하여 관리하는 형태이다.

이렇게 리스트를 구성하였을 때 0번 학생의 국어 점수는 kor[0]에 저장되고, 세 번째 학생의 수학 점수는 mat[2]에 저장된다.

두 번째 리스트 적용 방법은 2차원 리스트의 적용이다. 이 경우의 리스트 생성 및 데이터 입력 형태는 다음과 같다.

```
st=[]
ss=['국어', '영어', '수학']
for i in range(n):
    st.append([])              ➡ 세부 리스트 생성
    for j in range(3):         ➡ 세부 리스트의 원소 3개 추가
        st[i].append(int(input('[학생%d] %s : '%(i,ss[j]))))
```

먼저 전체 학생에 대한 1차적 리스트를 st로 설정하고, 국어, 영어, 수학의 3가지 원소로 구성되는 세부 리스트를 이 st의 원소로서 설정하면 2차원 리스트가 되고 위의 코드와 같이 유기적으로 2차원 리스트를 생성할 수 있다.

문제 해결

먼저 학생수 n을 입력받고, 학생 n명에 대한 국어, 영어, 수학 점수를 입력받기 위해 국어 (kor), 영어(eng), 수학(mat)의 비어있는 리스트를 kor = [ ] 등과 같은 형태로 생성한다. 여기서 for문을 이용하여 각 학생별로 국어, 영어, 수학 점수를 kor, eng, mat에 순서대로 입력한다.

이어서 학생별 3과목 총점(tot)을 구하고, 학생별 총점에 3을 나누어 평균을 구한다.
마지막으로 구해진 학생별 총점과 평균을 출력하면 된다.

소스 코드-1

```
1:  n=int(input('학생수 : '))
2:  kor = []
3:  eng = []
4:  mat = []
5:  for i in range(1,n+1):
6:      kor.append(int(input('[학생%d] 국어 : '%i)))
7:      eng.append(int(input('[학생%d] 영어 : '%i)))
8:      mat.append(int(input('[학생%d] 수학 : '%i)))
9:  for i in range(n):
10:     tot = kor[i] + eng[i] + mat[i]
11:     avg = tot/3.0
12:     print('[학생%d]-국어 : %d    영어 : %d    수학 : %d '%(i,kor[i],eng[i],mat[i]))
13:     print(' ==>  총점 : %d  평균 : %0.2f'%(tot,avg))
```

1: 학생수 n을 입력받는다.

2~4: 과목별 비어있는 리스트를 생성한다.

5~8: 각 학생별 국어, 영어, 수학 점수를 입력받는다.

9: for문으로서 n명의 학생에 대한 총점과 평균을 구하기 위해 소속 문장을 n번 실행한다.

10: 학생별 총점을 구한다.

11: 학생별 평균을 구한다.

12: 학생별 세과목 점수를 출력한다.

13: 학생별 총점과 평균을 출력한다.

소스 코드-2

```
1:   n=int(input('학생수 : '))
2:   st=[]
3:   ss=['국어', '영어', '수학']
4:   for i in range(n):
5:       st.append([])
6:       for j in range(3):
7:           st[i].append(int(input('[학생%d] %s : '%(i,ss[j]))))
8:   for i in range(n):
9:       tot =  st[i][0]+ st[i][1]+ st[i][2]
10:      avg = tot/3.0
11:     print('[학생%d]-국어 : %d   영어 : %d   수학 : %d '%(i,st[i][0],st[i][1],st[i][2]))
12:      print(' ==>  총점 : %d  평균 : %0.2f'%(tot,avg))
```

1:   학생수 n을 입력받는다.

2:   전체 학생에 대한 점수를 저장하는 비어있는 리스트 st를 생성한다.

3:   국어, 영어, 수학의 문구를 표기하기 위한 리스트를 생성한다.

4:   for문으로서 전체 학생 n명에 대한 점수를 입력받기 위해 소속 문장을 n번 실행한다.

5:   리스트 st의 원소로서의 리스트를 생성한다.

6~7: st의 원소로서의 리스트에 국어, 영어, 수학 점수를 순서대로 입력받는다.

8:   for문으로서 n명의 학생에 대한 총점과 평균을 구하기 위해 소속 문장을 n번 실행한다.

9:   학생별 총점을 구한다.

10: 학생별 평균을 구한다.

11: 학생별 세과목 점수를 출력한다.

12: 학생별 총점과 평균을 출력한다.

10개의 정수를 입력받아 모두 더한 값 출력

실행
결과

```
d[0]=45
d[1]=76
d[2]=85
d[3]=67
d[4]=87
d[5]=56
d[6]=97
d[7]=66
d[8]=82
d[9]=71
총점 : 732
```

문제해결을 위한 논리적 사고

적용
포인트

- ▣ 리스트에 다수의 데이터 입력
- ▣ 리스트의 모든 원소들의 합

적용예

```
d = []
for i in range(10):                    ⇨ 다수의 데이터 입력
    d.append(int(input('d[%d]='%i)))
sum  = 0
for i in range(10):                    ⇨리스트 원소의 누적 덧셈
    sum = sum + d[i]
```

적용 이론

리스트에 다수의 데이터를 입력받는 패턴은 다음 코드와 같이 수행하면 된다.

```
d = []
for i in range(10):
    d.append(int(input('d[%d]='%i)))
```

먼저 비어있는 리스트를 생성하고 다음으로 리스트에 데이터를 추가하는 append() 함수를 이용하여 리스트에 데이터를 for문을 이용하여 반복적으로 추가한다.

또한 리스트의 모든 원소를 더하는 방법은 for문을 이용하여 리스트 내의 원소인 d[i]를 누적해서 더하는 형태인 sum=sum+d[i]와 같이 작성하여 누적 덧셈의 형태로 처리할 수 있다.

문제 해결

먼저 10개의 정수를 입력받는 부분은 [적용 이론]과 같이 작성한다.

이어서 리스트의 원소들을 모두 더하는 방법은 누적 덧셈의 방법을 사용한다. 즉 누적 덧셈의 합을 저장하는 변수를 sum으로 지정하고, 여기에다 리스트의 일반화된 원소를 표시하는 $d[i]$를 누적해서 더하면 된다. 이때 for문의 변수 i는 0~9까지 지정되어야 한다. 이것을 코드로 표시하면 다음과 같이 표시할 수 있다.

```
sum = 0
for i in range(10):
    sum = sum + d[i]
```

소스 코드

```
1:  d = []
2:  for i in range(10):
3:      d.append(int(input('d[%d]='%i)))
4:  sum = 0
5:  for i in range(10):
6:      sum = sum + d[i]
7:  print('총점 : %d'%sum)
```

1:   비어있는 리스트 d를 생성한다.

2~3: 반복문을 이용하여 리스트에 10개의 데이터를 입력받는다.

4:   누적 덧셈의 합을 저장하는 변수 sum을 0으로 초기화한다.

5~6: 리스트 d에 저장되어 있는 10개의 원소들에 대해 누적 덧셈을 수행한다.

7:   누적 덧셈의 결과를 출력한다.

실행 결과	데이터 수 n= 6 d[0]=7 d[1]=3 d[2]=5 d[3]=9 d[4]=1 d[5]=4 sum : 17

문제해결을 위한 논리적 사고

적용 포인트	▣ 리스트에 n개의 데이터 입력 ▣ 리스트 내의 조건에 맞는 원소들의 합

적용예	`d = []`
	`for i in range(n):`
	`    d.append(int(input('d[%d]='%i)))` ⇨ n개의 데이터 입력
	`sum = 0`
	`for i in range(n):` ⇨ 조건에 맞는 리스트 내의 원소의 누적 덧셈
	`    if d[i]%3==0 or d[i]%5==0`
	`        sum = sum + d[i]`

적용 이론

리스트에 n개의 데이터를 입력받는 패턴은 앞의 문제 P100에서 데이터의 수 10의 값 대신 n으로 대체한다.

조건에 맞는 리스트 내의 원소들의 누적 덧셈은 리스트의 n개의 모든 원소에 대해 if문을 이용하여 조건에 맞는 데이터인지를 판단하여 조건에 부합하는 원소인 경우에만 누적 덧셈을 수행하면 된다.

문제 해결

먼저 학생 수 n을 입력받고, n개의 데이터를 입력받아 리스트에 저장하는 코드를 작성하면 다음과 같다.

```
d = []
for i in range(n):
    d.append(int(input('d[%d]='%i)))
```

이렇게 생성된 리스트 원소들에 대해 조건에 맞는 원소들만 더하는 방법은 for문을 이용하여 i=0~n-1 개의 리스트의 모든 원소들에 대해 문제에서의 요구 조건에 맞는지를 if문을 통해 판단하여 조건식이 참인 경우에만 누적해서 더하면 된다. 이것을 코드로 작성하면 다음과 같다.

```
sum  = 0
for i in range(n):
    if d[i]%3==0 or d[i]%5==0
        sum = sum + d[i]
```

소스 코드

```
1:  n=int(input('데이터 수 n= '))
2:  d = []
3:  for i in range(n):
4:      d.append(int(input('d[%d]='%i)))
5:  sum  = 0
6:  for i in range(n):
7:      if d[i]%3==0 or d[i]%5==0:
8:          sum = sum + d[i]
9:  print('sum : %d'%sum)
```

1: 데이터의 개수 n을 입력받는다.
2: 입력 데이터를 저장할 비어있는 리스트 d를 생성한다.
3~4: n개의 데이터를 입력받아 리스트 d에 저장한다.

5: 누적 덧셈의 합을 저장하는 변수 sum을 0으로 초기화 한다.

6: i=0~n-1까지 소속 문장을 n번 반복 수행한다.

7: 리스트의 원소 d[i]가 3의 배수이거나 5의 배수인지를 판단한다.

8: 위의 조건이 참인 원소들에 대해서만 누적 덧셈을 수행한다.

9: 조건에 맞는 리스트의 원소들에 대한 누적 덧셈의 결과를 출력한다.

해결문제 P100	n개의 정수를 입력받아 3의 배수이면서 짝수인 수들의 합 ○ 정수의 수(n) : 실행 후 입력

실행 결과	데이터 수 n= 6 d[0]=4 d[1]=6 d[2]=1 d[3]=7 d[4]=12 d[5]=8 sum : 18

문제해결을 위한 논리적 사고

적용 포인트	■ 리스트에 n개의 데이터 입력 (P101 참조) ■ 데이터 선택에 대한 조건식 ⇨ 3의 배수이면서 5의 배수

적용예	sum = 0 for i in range(n):　　　⇨ 조건에 맞는 리스트 내의 원소의 누적 덧셈 　　if d[i]%3==0 and d[i]%2==0 : 　　　　sum = sum + d[i]

적용 이론

리스트에 n개의 데이터를 입력받는 패턴 및 조건에 맞는 리스트 내의 원소들의 누적 덧셈은 앞의 문제 P101을 참조한다.

리스트의 원소 중 필요한 데이터를 선택하기 위한 조건식으로 "3의 배수이면서 5의 배수"란

조건을 제시하였다. 이 조건은 "3의 배수"란 조건과 "5의 배수"란 두 조건이 모두 만족되어
야 한다는 의미이기 때문에 임의의 데이터 a에 대해 제시된 조건식을 구현하면 아래와 같이
and 연산자로 연결하여 구현할 수 있다.

```
if a%3==0 and a%2==0 :
```

문제 해결

주어진 리스트의 원소들 중에 조건에 맞는 원소들만 더하는 방법은 P101과 동일하다. 다만,
필요한 데이터에 대한 조건식이 다르기 때문에 P101에 대해 조건식만 달리하여 적용하면 된
다. 본 문제에서 제시된 조건식의 생성을 앞의 [적용 이론]에 제시되어 있다.

소스 코드

```
1: n=int(input('데이터 수 n= '))
2: d = []
3: for i in range(n):
4:     d.append(int(input('d[%d]='%i)))
5: sum = 0
6: for i in range(n):
7:     if d[i]%3==0 and d[i]%2==0:
8:         sum = sum + d[i]
9: print('sum : %d'%sum)
```

1: 데이터의 개수 n을 입력받는다.
2: 입력 데이터를 저장할 비어있는 리스트 d를 생성한다.
3~4: n개의 데이터를 입력받아 리스트 d에 저장한다.
5: 누적 덧셈의 합을 저장하는 변수 sum을 0으로 초기화 한다.
6: i=0~n-1까지 소속 문장을 n번 반복 수행한다.
7: 리스트의 원소 d[i]가 3의 배수이면서 5의 배수인지를 판단한다.
8: 위의 조건이 참인 원소들에 대해서만 누적 덧셈을 수행한다.
9: 조건에 맞는 리스트의 원소들에 대한 누적 덧셈의 결과를 출력한다.

해결문제 P101	n개의 점수를 입력받아 리스트에 저장하고 합격자의 수를 출력 ○ 정수의 수(n) : 실행 후 입력　○ 합격 조건 : 60점 이상

실행 결과	학생 수 n= 7 ＜점수 입력＞ d[0]=78 d[1]=45 d[2]=67 d[3]=81 d[4]=59 d[5]=75 d[6]=88 합격자 수 : 5

문제해결을 위한 논리적 사고

적용 포인트	■ 조건에 맞는 데이터의 개수 카운트 　⇨ 60점 이상인 학생수

적용예	```
	cnt = 0
	for i in range(n):
	    if d[i]>=60 :
	        cnt = cnt + 1[i]
	``

적용 이론

리스트에 n개의 점수를 입력받는 코드는 앞의 문제 P101을 참조한다.

리스트의 원소 중 60 이상인 원소의 개수를 구하는 방법은 각 데이터의 값이 60 이상인 경우에 대해 카운트 변수를 1증가 시키는 작업을 모든 데이터에 대해 동일하게 적용하면 된다. 임의의 한 개의 데이터에 대한 처리는 아래와 같다.

```
cnt = 0          # 임의의 데이터 a에 대한 경우
if a>=60 :
    cnt = cnt +1
```

리스트 원소와 같은 다수의 데이터에 대한 개수의 카운트는 for문을 이용하여 일괄 적용하면 모든 데이터에 대해 카운트가 가능하다.

문제 해결

리스트의 데이터 값이 60점 이상인 데이터의 개수를 구하기 위해서는 모든 데이터에 대해 60이상인지 여부를 판단해야 된다.
리스트의 모든 데이터에 대한 적용 패턴은 다음과 같다.

```
cnt = 0
for i in range(n):      # 원소 n개로 생성된 리스트 d[ ]의 경우
    if d[i]>=60 :       # d[i]에 대한 조건식
        cnt = cnt + 1
```

소스 코드

```
 1: n=int(input('데이터 수 n= '))
 2: print('<점수 입력>')
 3: d = []
 4: for i in range(n):
 5:     d.append(int(input('d[%d]='%i)))
 6: cnt = 0
 7: for i in range(n):
 8:     if d[i]>=60 :
 9:         cnt = cnt + 1
10: print('합격자 수 : %d'%cnt)
```

1: 데이터의 개수 n을 입력받는다.
2: 작업의 내용을 알리기 위해 "점수 입력"이라는 문구를 화면에 출력한다.
3: 입력 데이터를 저장할 비어있는 리스트 d를 생성한다.
4~5: n개의 데이터를 입력받아 리스트 d에 저장한다.

6: 조건에 부합하는 원소의 개수를 표시하기 위한 카운트 변수 cnt를 0으로 초기화 한다.

7: n개의 모든 리스트 원소에 대해 조건식을 적용하기 위해 i=0~n-1까지 소속 문장을 n번 반복 수행한다.

8: 리스트의 원소 d[i]가 60이상인지 여부를 판단한다.

9: 위의 조건이 참인 원소들에 대해서만 누적 덧셈을 수행한다. 즉 변수 cnt의 값을 1증가 시킨다.

10: 최종 카운트의 횟수를 기록한 변수인 cnt값을 출력한다.

예제 P101-1	n개의 정수를 입력받아 짝수의 개수를 출력하는 프로그램 ○ 정수의 수 n : 실행 후 입력

해결문제 P102	n개의 정수를 입력받아 3의 배수가 아닌 짝수의 개수를 출력 ○ 정수의 수(n) : 실행 후 입력

실행 결과	데이터 수 n= 6 <정수 입력> d[0]=6 d[1]=8 d[2]=3 d[3]=5 d[4]=10 d[5]=9 Count : 2

문제해결을 위한 논리적 사고

적용 포인트	▣ 조건에 맞는 데이터의 개수 카운트 ⇨ 3의 배수가 아닌 짝수의 개수

적용예	`cnt = 0`
	`for i in range(n):`
	　　`if d[i]%3!=0 and d[i]%2==0 :`
	　　　　`cnt = cnt + 1[i]`

적용 이론

리스트의 원소 중 "3의 배수가 아닌 짝수"의 개수를 구하는 문제로서 조건식이 달라진 것을
제외하면 P103과 동일한 문제이다.
제시된 조건식의 의미는 3의 배수가 아니고, 그리고 짝수이어야 한다는 의미이다. 그러므로 임
의의 데이터 a가 "3의 배수가 아니다"는 a%3 != 0 과 같이 그리고 "짝수이다"는 a%2 == 0
과 같이 표현되고, 이 두 조건식이 모두 만족되어야 하기에 이 두 조건식을 and로 연결하면
된다.

```
a%3 != 0 and a%2 == 0        # 제시된 조건식
```

문제 해결

리스트의 데이터 값이 3의 배수가 아닌 짝수인 데이터의 개수를 구하는 코드는 기존의 P103
을 이용하되 조건식만 변경하면 된다. [적용 이론]에 제시된 조건식을 P103에 적용하면 프로
그램 코드는 다음과 같다.

```
cnt = 0 :
for i in range(n):      # 원소 n개로 생성된 리스트 d[ ]의 경우
    if a%3 != 0 and a%2 == 0 :     # d[i]에 대한 조건식
        cnt = cnt + 1
```

소스 코드

```
 1: n=int(input('데이터 수 n= '))
 2: print('<점수 입력>')
 3: d = []
 4: for i in range(n):
 5:     d.append(int(input('d[%d]='%i)))
 6: cnt = 0
 7: for i in range(n):
 8:     if d[i]%3 != 0 and d[i]%2 == 0 :
 9:         cnt = cnt + 1
10: print('합격자 수 : %d'%cnt)
```

1: 데이터의 개수 n을 입력받는다.

2: 작업의 내용을 알리기 위해 "점수 입력"이라는 문구를 화면에 출력한다.

3: 입력 데이터를 저장할 비어있는 리스트 d를 생성한다.

4~5: n개의 데이터를 입력받아 리스트 d에 저장한다.

6: 카운트 변수 cnt를 0으로 초기화 한다.

7: n개의 리스트 원소에 대해 i=0~n-1까지 소속 문장을 n번 반복 수행한다.

8: 리스트의 원소 d[i]가 3의 배수가 아닌 짝수인지 여부를 판단한다.

9: 위의 조건이 참인 원소들에 대해서 cnt의 값을 1증가 시킨다.

10: 최종 카운트의 횟수를 기록한 변수인 cnt값을 출력한다.

예제 P102-1	n개의 정수를 입력받아 짝수이거나 5이 배수인 수의 개수를 출력 ○ 정수의 수 n : 실행 후 입력

해결문제 P103	학생들의 이름과 점수를 입력받아 리스트에 저장하고 리스트에 저장된 데이터를 출력 ○ 학생수 n : 실행 후 입력　　○ 정수의 수(n) : 실행 후 입력

실행 결과	학생 수 : 5 성명 : 김영철 점수 : 76 성명 : 홍인길 점수 : 82 성명 : 최시영 점수 : 57 성명 : 박철민 점수 : 92 성명 : 진소명 점수 : 69 성명 : 김영철　점수 : 76 성명 : 홍인길　점수 : 82 성명 : 최시영　점수 : 57 성명 : 박철민　점수 : 92 성명 : 진소명　점수 : 69

문제해결을 위한 논리적 사고

적용 포인트	▣ 리스트에 문자 데이터 입력 방법

적용 이론

기존의 리스트에 원소를 추가하는 기능은 append() 함수가 그 기능을 수행하고 있다. 이 기능을 이용하여 리스트에 문자 데이터를 입력할 수 있다. [T21. 리스트4 : 리스트의 원소 추가 참조]

문제 해결

이 문제에서는 프로그램 실행 후 입력된 학생수 n 만큼 문자 데이터를 리스트에 입력하는 방법이 필요하다. 이 기능은 append() 함수로 구현할 수 있고 그 방법은 다음과 같다.

```
for i in range(n):        # n개의 성명을 리스트에 추가하는 경우
    name.append(input('성명 : '))
```

리스트에 입력된 이름과 점수를 모두 출력하는 방법은 for문을 이용하여 학생수 n만큼 반복하여 각 학생의 이름과 점수를 출력하면 되고 그 방법은 다음과 같다.

```
for i in range(n):          # n개의 이름을 출력하는 방법
    print('성명 : %s 점수 : %d'%(name[i], sco[i]))
```

소스 코드

```
1:  n=int(input('학생 수 : '))
2:  name = [ ]
3:  sco = [ ]
4:  for i in range(n):                # n개의 이름과 점수를 리스트에 추가하는 경우
5:      name.append(input('성명 : '))
6:      sco.append(int(input('점수 : ')))
```

```
7:   for i in range(n):
8:       print('성명 : %s   점수 : %d'%(name[i], sco[i]))
```

1:    학생수 n을 입력받는다.

2~3: 이름과 점수를 저장할 name과 sco라는 이름의 비어있는 리스트를 생성한다.

4~6: n개의 이름과 점수를 입력받아 리스트 name과 sco에 저장한다.

7~8: 리스트 name과 sco에 저장된 n개의 원소들을 for문을 이용하여 반복 출력한다.

예제 **P103-1**	학생들의 이름과 점수를 입력받아 리스트에 저장하고 리스트에 저장된 데이터를 우측 결과와 같이 출력 ○ 학생수 n : 실행 후 입력	김영철 79 홍인순 75 길영수 68 변인진 81

해결문제 **P104**	학생들의 이름과 점수를 입력받아 리스트에 저장하고 합격한 학생들의 명단을 출력 ○ 학생수 n : 실행 후 입력 ○ 합격 기준 : 70점 이상

실행 결과	학생 수 : 4 성명 : 조인수 점수 : 75 성명 : 박민경 점수 : 88 성명 : 정인만 점수 : 55 성명 : 이경철 점수 : 82 #합격생 명단# ========= 조인수 박민경 이경철

문제해결을 위한 논리적 사고

적용 포인트	■ 리스트에 저장된 데이터 처리 방법 ⇨ 70점 이상인 학생 명단 추출 및 출력

```
for i in range(n):
    if sco[i] > 70 :
        print(' %s  '%name[i] )
```

적용 이론

특정한 조건에 부합하는 리스트의 원소들을 모두 출력하는 방법은 반복문인 for문을 이용하여 조건에 부합하는 리스트의 모든 원소들을 추출하여 각각 출력할 수 있다.

이때 리스트 입력의 형태는 이름과 점수를 각각 하나씩 입력했기 때문에 각 학생의 이름과 점수의 인덱스 번호는 동일하다.

이러한 특성을 이용하여 점수 데이터가 70 이상인 경우 같은 인덱스의 이름을 화면상에 출력하면 된다.

문제 해결

이 문제에서는 프로그램 실행 후 입력된 이름과 점수 데이터에 대해 점수가 70점 이상인 인덱스와 동일한 이름을 화면상에 출력하는 것이 필요하다.

먼저 점수 데이트가 저장되어 있는 리스트 sco의 각 원소에 대해 70점 이상인지를 판단하는 기능이 필요하고 이것은 다음과 같이 구현할 수 있다.

```
for i in range(n):        # n개의 데이터가 70 이상인지 여부 판정
    if sco[i] >= 70 :
```

이 조건이 참인 경우에는 현재의 인덱스 값(i)과 동일한 인덱스를 갖는 이름을 출력하면 된다. 이 경우는 위의 코드의 if문의 소속 문장으로 다음의 코드를 삽입하면 된다.

```
        print(' %s '%name[i])
```

소스 코드

```
1:  n=int(input('학생 수 : '))
2:  name = [ ]
3:  sco = [ ]
4:  for i in range(n):
5:      name.append(input('성명 : '))
6:      sco.append(int(input('점수 : ')))
7:  print('#합격생 명단#')
8:  print('=========')
9:  for i in range(n):
10:     if sco[i] >= 70 :
11:         print(' %s '%name[i])
```

1: 학생수 n을 입력받는다.

2~3: 이름과 점수를 저장할 name과 sco라는 이름의 비어있는 리스트를 생성한다.

4~6: n개의 이름과 점수를 입력받아 리스트 name과 sco에 저장한다.

7~8: "#합격생 명단#"이라는 타이틀 문구와 '=' 문자를 출력한다.

9~10: n개의 점수 데이터 각각에 대해 if문을 이용하여 70 이상인지를 판단한다.

11: 앞의 조건식이 참인 경우 같은 인덱스 갖는 이름 리스트의 원소를 출력한다.

예제 P104-1

학생들의 이름과 점수를 입력받아 리스트에 저장하고
각 학생의 합격 여부를 출력하는 프로그램
○ 학생수 n : 실행 후 입력   ○ 합격 기준 : 70점 이상

해결문제 P105

학생들의 이름과 점수를 입력받아 리스트에 저장하고 합격 여부를
리스트에 저장하고 출력
○ 학생수 n : 실행 후 입력   ○ 합격 기준 : 70점 이상 정수의 수(n) : 실행 후 입력

| 실행 결과 | 학생 수 : 4
성명 : 이철윤
점수 : 81
성명 : 김영민
점수 : 59
성명 : 박민규
점수 : 78
성명 : 민수일
점수 : 69
＃ 성 적 ＃
＝＝＝＝＝＝＝＝＝＝＝
이철윤 합격
김영민 불합격
박민규 합격
민수일 불합격 |

문제해결을 위한 논리적 사고

적용 포인트	▣ 합격 여부를 기록하는 리스트 생성 　　⇨ append() 함수 사용
적용예	for i in range(n): 　if sco[i] > 70 :　　　　　# n개의 점수에 대해 합격 여부를 기록 　　es.append('합격')　　# es라는 이름의 비어있는 리스트를 사전에 생성 　else : 　　es.append('불합격')

적용 이론

이 문제에서는 점수를 저장하는 리스트(sco)의 각 데이터 값을 판정하여 70점 이상이면 새로운 리스트(es)의 같은 인덱스를 갖는 원소에 '합격'이라는 문구를 저장하고, 70점 미만이면 '불합격'이라는 문구를 저장하는 기능을 요구하고 있다.

위의 적용예와 같이 if문을 이용하여 sco의 원소값이 70 이상인지를 판정하고 참인 경우 append() 함수를 이용하여 '합격'이라는 문자를 리스트 es에 저장하고, 거짓인 경우 '불합격'이라는 문자를 저장하면 된다.

문제 해결

이 문제를 해결하기 위해서는 먼저 학생수 n을 입력받고 학생 n명의 이름과 점수를 나란히 입력받는 코드를 작성한다. 이 부분은 이전의 문제와 동일하다.

n명의 이름과 점수의 입력이 모두 완료되면 '합격'과 '불합격' 문자를 저장하기 위한 새로운 공 리스트(es)를 es = [ ]과 같이 생성하고, n명의 점수 데이터에 대해 각 점수가 70점 이상이면 즉, if sco[i])= 70 : 과 같이 작성하여 if문이 참이면 append() 함수를 이용하여 es에 '합격'이란 문자를 입력하고 거짓이면 '불합격'을 입력함으로써 요구된 사항을 수행할 수 있게 된다. 이와 같은 코드는 적용예에 표시하고 있다.

소스 코드

```
1:  n=int(input('학생 수 : '))
2:  name = [ ]
3:  sco = [ ]
4:  for i in range(n):
5:      name.append(input('성명 : '))
6:      sco.append(int(input('점수 : ')))
7:  es=[ ]
8:  for i in range(n):
9:      if sco[i] >= 70 :
10:         es.append('합격')
11:     else :
12:         es.append('불합격')
13: print('  # 성 적 #  ')
14: print('=========')
15: for i in range(n):
16:     print(' %s   %s'%( name[i], es[i] ))
```

1: 학생수 n을 입력받는다.

2~3: 이름과 점수를 저장할 name과 sco라는 이름의 비어있는 리스트를 생성한다.

4~6: n개의 이름과 점수를 입력받아 리스트 name과 sco에 저장한다.

7: '합격' 또는 '불합격' 문자를 저장할 리스트 es를 생성한다.

8~12: 점수(sco)를 판정하여 70이상이면 es에 '합격'을 저장하고, 70미만이면 '불합격'을 저장한다.

13~14: ' # 성 적 # '이라는 타이틀 문구와 '=' 문자를 출력한다.

15~16: 이름과 합격/불합격 문구를 순차적으로 출력한다.

학생들의 이름과 점수를 입력받아 리스트에 저장하고 학점을 판정하여
저장한 후 각 학생들의 [성명] [학점]을 출력
○ 학생수 n : 실행 후 입력

리스트에 저장하고 출력
○ 학생수 n : 실행 후 입력   ○ 합격 기준 : 70점 이상 정수의 수(n) : 실행 후 입력

실행
결과

```
학생 수 : 3
성명 : 이순철
점수 : 71
성명 : 박민규
점수 : 85
성명 : 김영민
점수 : 91
 # 학 점 #
=========
이순철 : C
박민규 : B
김영민 : A
```

문제해결을 위한 논리적 사고

적용
포인트

■ 점수를 판정하여 학점을 결정하는 기능
■ 학점을 기록하는 리스트 생성
　　⇨ append() 함수 사용

적용예

```python
for i in range(n):
    if sco[i] >= 90 :
        gr.append('A')
    elif sco[i] >= 80 :
        gr.append('B')
    elif sco[i] >= 70 :
        gr.append('C')
    elif sco[i] >= 60 :
        gr.append('D')
    else :
        gr.append('F')
```

적용 이론

이 문제에서 요구사항으로서 첫째는 이름과 점수를 입력받아 리스트에 저장하는 기능으로서 이 부분은 이전의 문제와 동일한 코드를 사용할 수 있다.

둘째는 입력된 점수를 판정하여 학점을 결정하는 기능이다. 실제의 학점 판정은 구간이 다소 많아 여기서는 간략히 하여 90 이상은 A, 80 이상은 B, 70 이상은 C, 60 이상은 D 그리고 60 미만은 F로 판정하기로 한다.

이와 같은 기능을 구현하기 위해서는 [적용예]에서와 같이 if ~ elif ~ elif ~ else 구문을 사용하여 학점을 판정하는 기능을 구현할 수 있다.

셋째는 점수를 판정하여 학점이 결정되면 학점을 리스트(gr)에 저장할 필요가 있다.

이 경우 append() 함수를 사용하여 구현할 수 있다.

문제 해결

이 문제를 해결하기 위해서는 먼저 학생 수를 입력받고 이름과 점수를 입력받는 부분은 이전의 문제와 동일하다.

이름과 점수 입력이 완료되면 점수를 판정하여 학점을 결정하는 기능을 구현해야 한다.

이 경우 점수가 어느 구간에 포함되는지를 판정해야 되는데 이것은 if ~ elif ~ else구문을 사용하여 구현할 수 있다. 점수의 구간 결정에 따라 학점이 확정되면 이 학점을 별도의 학점 저장 리스트(gr)에 저장해야 된다. 이 경우 append() 함수를 사용하여 다음과 같이 결정된 학점을 저장할 수 있는 기능을 구현할 수 있다.

```
if sco[i] >= 90 :
    gr.append('A')
```

소스 코드

```
 1:  n=int(input('학생 수 : '))
 2:  name = [ ]
 3:  sco = [ ]
 4:  gr = [ ]
 5:  for i in range(n):
 6:      name.append(input('성명 : '))
 7:      sco.append(int(input('점수 : ')))
 8:  for i in range(n):
 9:      if sco[i] >= 90 :
10:          gr.append('A')
11:      elif sco[i] >= 80 :
12:          gr.append('B')
13:      elif sco[i] >= 70 :
14:          gr.append('C')
15:      elif sco[i] >= 60 :
16:          gr.append('D')
17:      else :
18:          gr.append('F')
19: print('  # 학 점 #  ')
20: print('=========')
21: for i in range(n):
22:     print(' %s : %s'%( name[i], gr[i] ))
```

1: 학생수 n을 입력받는다.

2~4: 이름, 점수, 학점을 저장할 name, sco, gr이라는 이름의 비어있는 리스트를 생성한다.

5~7: n개의 이름과 점수를 입력받아 리스트 name과 sco에 저장한다.

8~17: 점수(sco)를 판정하여 90이상이면 gr에 'A'를 저장하고, 80이상이면 'B'를, 70이상이면 'C'를, 60이상이면 'D'를 저장하고 60미만이면 'F'를 저장한다.

18~19: ' # 학 점 # '이라는 타이틀 문구와 '=' 문자를 출력한다.

20~22: 이름과 학점을 순차적으로 출력한다.

학생들의 [국어], [영어], [수학] 점수를 입력받아 합격 여부를 리스트에 저장하고 출력 ○ 합격기준 : 각 과목당 40점 이상, 평균 60점 이상

해결문제
P107

n개의 정수를 입력받아 양수, 음수, 0의 개수를 각각 리스트에 저장하고 그 결과를 출력
○ 정수의 수 n : 실행 후 입력

리스트에 저장하고 출력
○ 학생수 n : 실행 후 입력 ○ 합격 기준 : 70점 이상 정수의 수(n) : 실행 후 입력

실행
결과

```
정수의 수 n : 6
정수0 : -11
정수1 : 7
정수2 : 0
정수3 : 10
정수4 : 3
정수5 : 0
양수 음수 0
 3   1   2
```

문제해결을 위한 논리적 사고

적용
포인트

▣ 각 요소의 카운트 수를 리스트에 저장하는 방법

적용예

```
for i in range(n):
    if d[i] > 0 :
        a = a + 1
    elif d[i] < 0 :
        b = b + 1
    else :
        c = c + 1
```

적용 이론

이 문제에서는 첫째로 n개의 정수를 입력받아 리스트에 저장해야 한다. 이것은 리스트의 append() 함수를 사용하여 구현할 수 있다.

둘째는 입력된 정수가 양수인지 음수인지 아니면 0인지를 판정해야 한다. 이것은 [적용예]에서와 같이 if ~ elif ~ else 구문으로 구현할 수 있다.

이때 양수/음수/0의 각각의 개수를 카운트하는 부분에서 3개의 카운트 변수가 필요하고, 여기서는 리스트를 이용하여 각각 cnt[0], cnt[1], cnt[2]로 지정해서 사용할 수 있다.

이렇게 지정하기 위해서는 cnt=[0,0,0]과 같이 리스트 초기화가 필요하다.

이와 같이 리스트를 사용하여 3개의 변수를 지정하는 이유는 다음과 같이 출력 시 반복문을 이용하여 일괄처리가 용이하기 때문이다.

```
for i in range(3):
    print(' %d '%cnt[i],end=' ')
```

리스트를 사용하지 않고 a, b, c 란 변수를 사용한 경우라면 출력 시 다음과 같이 간편하게 구현할 수도 있다.

```
print(' %d   %d   %d'%(a,b,c))
```

문제 해결

이번 문제에서는 n개의 정수를 입력받아 리스트에 저장할 필요가 있다. 여기서 입력받은 정수를 저장하기 위한 리스트(d)의 생성이 필요하다.

또한 정수값을 리스트에 입력하기 위해서는 append() 함수를 사용하면 다음과 같이 구현이 가능하다.

```
d=[ ]
for I in range(n) :
    d.append(int(input('정수%d : '%i)))
```

입력된 정수에 대해 양수/음수/0의 구분을 하여 각각의 개수를 카운트하기 위해서는 3개의 변수가 필요하다. 여기서는 간단하게 a,b,c라고 둔다면 양수로 분류될 경우 a=a+1을 시행하고, 음수인 경우 b=b+1을 0인 경우 c=c+1을 실행하면 된다. 이때 각 변수는 0으로 초기화 하는 절차가 선행되어야 한다.

소스 코드

```
1:  n=int(input('정수의 수 n : '))
2:  d=[ ]
3:  a,b,c=0,0,0
4:  for i in range(n) :
5:  d.append(int(input('정수%d : '%i)))
6:  for i in range(n):
7:     if d[i] > 0 :
8:         a = a + 1
9:     elif d[i] < 0 :
10:         b = b + 1
11:    else :
12:         c = c + 1
13: print('양수  음수  0 ')
14: print('    %d    %d  %d'%(a,b,c))
```

1: 정수의 수 n을 입력받는다.

2: 입력 정수를 저장할 비어있는 리스트(d)를 생성한다.

3: 양수/음수/0의 개수를 카운트할 변수 a,b,c를 0으로 초기화 한다.

4~5: n개의 정수를 입력받아 리스트(d)에 저장한다.

6~12: 입력된 정수를 판정하여 양수면 a를, 음수면 b를, 0이면 c를 1 증가시킨다.

13: 양수, 음수, 0 즉 타이틀 문자를 출력한다.

14: 양수, 음소, 0의 개수를 출력한다.

실행 결과	정수의 수 n : 5 정수0 : 7 정수1 : 2 정수2 : 9 정수3 : 3 정수4 : 8 *

문제해결을 위한 논리적 사고

적용 포인트	■ 리스트 원소들을 정수값 만큼 * 표 그리는 방법

적용예	`for i in range(n):` # 리스트의 모든 원소들에 반복 적용
	　`for j in range(d[i]):` # * 표를 d[i]번 출력하기
	　　`print('*',end=' ')`
	　`print(' ')`

적용 이론

이 문제에서는 임의의 숫자만큼 연속으로 이어서 * 표를 그리는 방법을 구현할 필요가
있다. 이것은 반복문인 for문을 이용하여 다음과 같이 구현할 수 있다.

```
for i in range(a):          # * 표를 a번 출력하기
    print('*', end=' ')
```

다음은 리스트 소속 원소들의 숫자만큼 * 표를 각각 그리는 방법의 구현이 필요하다.
이것은 리스트 원소를 하나씩 불러내어 위의 예와 같이 하나씩 * 표를 그리면 된다.

이와 같은 기능은 [적용예]에 표기된 것과 같이 이중 for문을 이용하여 구현이 가능하다. 여기서 d[i]는 리스트 d의 각각의 원소값을 의미하는 것으로 구체적으로는 d[0], d[1], d[2].....d[n-1]과 같은 각각의 값들이 적용된다.

문제 해결

n개의 정수를 입력받아 리스트 d에 저장하는 기능은 이전의 문제에서 구현한 것과 같이 다음과 같이 구현할 수 있다.

```
n = int(input('정수의 수 n : '))
d = [ ]
for i in range(n) :
    d.append(int(input('정수%d : '%i)))
```

다음은 리스트 d의 모든 원소값을 참조할 필요가 있는데 이 기능은 [적용예]에서와 같은 형태로 구현이 가능하다. 이때 n은 원소의 총 개수로서 len(d)와 같이 적용할 수도 있다. 여기서 for i in range(n): 은 모든 원소의 값을 순차적으로 적용하기 위한 반복문이고, for j in range(d[i]): 구문은 리스트 d의 각각의 원소값의 표현인 d[i]의 값만큼 반복 실행하는 형태로서 여기서 * 표를 각 원소값만큼 반복 출력하게 된다.

소스 코드

```
1:  n = int(input('정수의 수 n : '))
2:  d = [ ]
3:  for i in range(n) :
4:      d.append(int(input('정수%d : '%i)))
5:  for i in range(n):
6:      for j in range(d[i]):
7:          print('*', end=' ')
8:      print(' ')
```

1: 정수의 수 n을 입력받는다.

2: 입력 정수를 저장할 비어있는 리스트(d)를 생성한다.

3~4: n개의 정수를 입력받아 리스트(d)에 저장한다.

5: n개의 리스트 원소 각각에 대해 반복 실행한다.

6: 임의의 i번째 리스트 원소값의 횟수만큼 소속 문장을 반복 실행한다.

7: 리스트 원소의 값만큼 * 표를 출력한 후 줄을 바꾸지 않는다.

8: 한 원소의 값에 대해 출력을 완료하면 줄을 바꾼다.

예제 P108-1	n개의 정수를 입력받아 리스트에 저장하고 * 표를 이용하여 막대 그래프 및 항목명을 출력하는 프로그램 ○ 정수의 수 n : 실행 후 입력

해결문제 P109	n개의 정수를 입력받아 양수, 음수, 0의 개수를 각각 리스트에 저장하고 그 결과를 막대 그래프로 출력 ○ 정수의 수 n : 실행 후 입력 리스트에 저장하고 출력 ○ 학생수 n : 실행 후 입력 ○ 합격 기준 : 70점 이상 정수의 수(n) : 실행 후 입력

실행 결과	정수의 수 n : 7 정수0 : -3 정수1 : 7 정수2 : 0 정수3 : 4 정수4 : -4 정수5 : 7 정수6 : 0 *** ** **

문제해결을 위한 논리적 사고

적용 포인트	▣ 구해진 각 항목의 카운트 수 만큼 * 표 그리는 방법 ▣ n개의 정수를 분류했을 때 양수, 음수, 0의 개수 구하는 방법

```
for i in range(n):              # 양수, 음수, 0의 개수 구하는 방법
    a =   int(input('정수%d : '%i))
    if a > 0 :
        cnt[0] = cnt[0] + 1
    elif a < 0 :
        cnt[1] = cnt[1] + 1
    else a > 0 :
        cnt[2] = cnt[2] + 1
```

적용 이론

이 문제는 n개의 정수에 포함된 양수, 음수, 0의 개수를 구하는 것을 제외하고는 P110과 동일하기 때문에 이 부분의 해결 방법에 대해서만 설명한다.

n개의 정수 중 임의의 정수가 양수이면 양수의 개수를 1 증가시키고, 음수이면 음수의 개수, 0이면 0의 개수를 1 증가시키면 된다.

이때 양수, 음수, 0의 개수는 변수를 지정하여 해당 사항이 있을 때 각 변수를 1 증가시키게 된다. 이들 변수는 일괄처리를 위해 리스트의 형식으로 지정해서 사용하는 것도 가능하다. 이 경우라면 리스트는 cnt = [0,0,0]과 같이 초기화가 필요하다.

문제 해결

n개의 정수를 입력받아 각 정수값이 양수이면 양수 개수 변수, 음수이면 음수 개수 변수, 0이면 0의 개수 변수값을 1 증가시켜야 한다. 여기서는 이들 변수를 cnt라는 이름의 리스트로 설정하기로 한다면 각 3개 각각의 변수는 cnt[0], cnt[1], cnt[2]와 같이 표현된다.

따라서 임의의 정수가 양수이면 cnt[0] = cnt[0] + 1 과 같이 cnt[0]을 1증가시키고 나머지 경우도 같은 방법으로 적용하면 [적용예]와 같이 구현할 수 있다.

소스 코드

```
 1:  n = int(input('정수의 수 n : '))
 2:  cnt = [0,0,0]
 3:  for i in range(n):            # 양수, 음수, 0의 개수 구하는 방법
 4:      a =  int(input('정수%d : '%i))
 5:      if a > 0 :
 6:          cnt[0] = cnt[0] + 1
 7:      elif a < 0 :
 8:          cnt[1] = cnt[1] + 1
 9:      else :
10:          cnt[2] = cnt[2] + 1
11:  for i in range(3):
12:      for j in range(cnt[i]):
13:          print('*', end=' ')
14:      print(' ')
```

1:   정수의 수 n을 입력받는다.

2:   양수, 음수, 0의 개수를 카운트 할 변수인 cnt를 리스트 형식으로 초기화하여 생성한다.

3~10: n개의 정수를 입력받아 각각에 대해 양수, 음수, 0을 판별하고 그 결과에 따라 각
변수의 값을 1 증가시킨다.

11~14: 양수, 음수, 0의 개수에 맞춰 * 표를 출력한다.

예제 P109-1
n개의 정수를 입력받아 양수, 음수, 0의 개수를 각각 리스트에
저장하고 그 결과를 막대 그래프 및 항목명을 출력하는 프로그램
○ 정수의 수 n : 실행 후 입력

해결문제 P110
n개의 정수를 입력받아 2의 배수, 3의 배수, 5의 배수의 개수를 각각
리스트에 저장하고 그 결과를 막대 그래프로 출력
○ 정수의 수 n : 실행 후 입력

문제해결을 위한 논리적 사고

■ n개의 정수를 분류했을 때 2의 배수, 3의 배수, 5의 배수의
개수를 구하는 방법 ⇨ 중복 적용의 경우

```
for i in range(n):              # 양수, 음수, 0의 개수 구하는 방법
    a =  int(input('정수%d : '%i))
    if a%2==0 :
        cnt[0] = cnt[0] + 1
    if a%3==0 :
        cnt[1] = cnt[1] + 1
    if a%5==0 :
        cnt[2] = cnt[2] + 1
```

적용 이론

이 문제는 n개의 정수에 대해 2의 배수, 3의 배수, 5의 배수의 개수를 각각 구하는 문제이다. 이 문제가 P111과 다른 점은 각 항목의 판단이 중복 적용될 수 있다는 것이다. 예를 들어 30의 경우 2의 배수이면서 3의 배수이면서 5의 배수이므로 3개의 카운트 변수 모두를 1 증가시켜야 한다.

이와 같이 3가지 분류가 독립적으로 적용되어야 하는 경우에는 if ~ elijf ~ else 구문을 적용할 수 없고 [적용예]에서와 같이 모두 if문으로 처리하여야 한다.

문제 해결

주어진 문제를 구현하기 위해서는 n개의 정수를 입력받아 2의 배수, 3의 배수, 5의 배수의 개수를 구하여 각 변수에 저장하여야 한다. 이때 각 변수는 리스트를 사용하여 3가지 항목을 cnt[0], cnt[1], cnt[2]로 지정하기로 한다.

각 항목의 판단은 if a%2==0 : 와 같은 형식으로 표현할 수 있고 세 가지 경우 모두 적용하면 [적용예]에서와 같이 표현된다. 이때 3가지 경우는 모두 if문으로 구현하여야 한다.

소스 코드

```
 1:  n = int(input('정수의 수 n : '))
 2:  cnt = [0,0,0]
 3:  for i in range(n):              # 2의 배수, 3의 배수, 5의 배수 구하는 방법
 4:      a = int(input('정수%d : '%i))
 5:      if a%2==0 :
 6:          cnt[0] = cnt[0] + 1
 7:      if a%3==0 :
 8:          cnt[1] = cnt[1] + 1
 9:       if a%5==0 :
10:          cnt[2] = cnt[2] + 1
11: title = ['2의 배수','3의 배수','5의 배수']
12: for i in range(3):
13:      print('%s : %d개'%(title[i],cnt[i]))
```

1: 정수의 수 n을 입력받는다.

2: 2의 배수, 3의 배수, 5의 배수의 개수를 카운트할 변수인 cnt를 리스트 형식으로 초기화하여 생성한다.

3~10: n개의 정수를 입력받아 각각에 대해 2의 배수, 3의 배수, 5의 배수를 판별하고 그 결과에 따라 각 변수의 값 즉 cnt[0], cnt[1], cnt[2]의 값을 1 증가시킨다.

12: 리스트의 형식으로 각 항목의 타이틀 문구를 지정된 형태로 초기화한다.

12~13: 각 항목의 개수를 출력한다.

n개의 정수를 입력받아 2의 배수, 3의 배수, 5의 배수의 개수를 각각 리스트에 저장하고 그 결과를 막대 그래프로 출력
○ 정수의 수 n : 실행 후 입력

해결문제
P111
n개의 정수를 입력받아 그 중 최대값을 구하는 프로그램
○ 정수의 수 n : 실행 후 입력

실행
결과
```
데이터 수 : 5
정수0 : 17
정수1 : 38
정수2 : 26
정수3 : 12
정수4 : 29
최대값 : 38
```

문제해결을 위한 논리적 사고

적용
포인트
▣ 다수의 데이터에 대한 최대값 구하는 알고리즘

적용예
```
max = d[0]                # n개의 정수 중 최대값 구하기
for i in range(1,n) :
    if d[i] > max :
        max = d[i]
```

적용 이론

n개의 정수 중 최대값을 구하는 방법을 생각해보자. 최대값을 구하는 방법은 여러가지가 있을 수 있다. 그러나 가장 효율적인 방법 중 하나는 다음과 같다.

① n개의 정수 중 첫 번째 정수 $d[0]$를 최대값 변수 max에 둔다.

② 다음번 정수 $d[1]$과 max에 저장된 값(현재까지 최대값)의 크기를 비교하여 $d[1]$이 max보다 크면 $d[1]$을 현재까지의 최대값인 max에 저장한다.

③ 다음번 정수(d[2], d[3] ... d[n-1])에 반복적으로 ②번 과정을 수행한다.

문제 해결

앞의 [적용 이론]에서 설명된 방법을 코딩에 적용해보면

①번 과정은 max = d[0]과 같이 코딩할 수 있다.

②번 과정은 다음과 같이 표현할 수 있다.

```
if d[1] > max :        # 두 번째 정수 d[1]과 max의 비교
    max = d[1]         # d[1]이 큰 경우 max에 d[1]을 저장
```

③번 과정은 ②번 과정을 반복적으로 적용하는 것으로써 for문을 이용하여 d[1]을 d[2], d[3] ...와 같이 반복 적용하도록 코드를 작성한다.

소스 코드

```
1:  n = int(input('데이터 수 n : '))
2:  d = [ ]
3:  for i in range(n):
4:      d.append(int(input('정수%d : '%i)))
5:  max = d[0]
6:  for I in range(1,n) :
7:      if d[i] > max :
8:          max = d[i]
9:  print('최대값:%d'%max)
```

1: 정수 데이터의 수 n을 입력받는다.

2: 정수 데이터를 저장할 비어있는 리스트 d를 생성한다.

3~4: n개의 정수를 입력받아 리스트 d에 저장한다.

5: 리스트 d의 첫 번째 정수인 d[0]를 max(현재까지의 최대값)에 저장한다.

6~8: 다음번 데이터가 max보다 크면 max에 다음번 데이터를 저장한다.
    이 과정을 마지막 데이터까지 적용한다.

9: 최대값을 출력한다.

해결문제 P112	**양의 정수를 입력받아 2진수로 출력하는 프로그램**

실행 결과	양의 정수 입력 : 65 0000000001000001	양의 정수 입력 : 25 0000000000011001

문제해결을 위한 논리적 사고

적용 포인트	■ 2진수 변환 알고리즘 ⇨ 나누기 2를 수행한 나머지 값들의 역순 나열

적용예	for i in range(16) :
	    b.append(n%2) # 2로 나눈 나머지를 차례로 b에 저장
	    n = n//2 # 입력된 정수 n을 2로 나눈 몫으로 저장

적용 이론

정수 n을 2진수로 변환하는 방법은 n을 2로 나누어 나머지를 구하고 다시 또 2로 나누어 나머지를 구하는 과정을 더 이상 나누어지지 않을 때까지 반복한 후 이들 나머지들을 역순으로 나열하면 2진수가 된다. 35라는 정수의 2진수를 구하는 과정은 다음과 같이 기술할 수 있다.

이와 같은 반복 처리 과정은 다음과 같이 정리할 수 있다.

① 정수 n을 2로 나눈 나머지를 구하여 리스트에 저장한다.

② n을 2로 나눈 몫을 구하여 n을 갱신한다.

③ ①~②번 과정을 n이 0이 될 때까지 반복한다.

④ 리스트에 저장된 값을 역순으로 나열한다.

이 문제에서는 16비트로 한정되어 있으므로 ③번 과정을 for문을 이용하여 16번 반복하면 쉽게 해결이 된다. 만일 16비트로 한정되지 않았으면 n이 0이 될 때까지 반복하면 된다.

문제 해결

앞의 [적용 이론]에서 설명된 방법을 코딩에 적용해보면

①번 과정은 b.append[n%2]과 같이 코딩할 수 있다.

②번 과정은 n = n//2와 같이 코딩할 수 있다.

③번 과정은 ①~②번 과정의 반복으로 for문을 이용하여 작성한다. 이때 16비트짜리의 2진수로 정해져 있기 때문에 for i in range(16): 과 같은 16번 반복하는 for문을 적용하면 된다.

④번 과정은 리스트에 저장된 나머지 값들을 역순으로 나열하는 방법으로 다음과 같은 2가지 방법으로 구현이 가능하다.

```
for a in range(16) :
    print('%d'%b[15-a],end=' ')
```

```
for a in range(15,-1,-1) :        # -1씩 증가 ⇒ 1씩 감소
    print('%d'%b[a],end=' ')
```

소스 코드

```
1:  n = int(input('양의 정수 입력 : '))
2:  b = [ ]
3:  for a in range(16) :
4:      b.append(n%2)
5:      n = n//2
6:  for a in range(16) :
7:      print("%d"%b[15-a],end='')
```

1: 양의 정수 n을 입력받는다.

2: 2로 나눈 나머지를 저장할 비어있는 리스트 b를 생성한다.

3: 4~5번 과정을 16번 반복 실행한다.

4: n 나누기 2의 나머지 값을 구하여 리스트에 저장한다.

5: n 나누기 2의 몫을 구하여 다시 n값으로 재설정한다.

6~7: 리스트 b에 저장되어 있는 값들을 역순으로 출력한다.

예제 P112-1 양의 정수를 입력받아 2진수로 변환

```
양의 정수 입력 : 25
11001
```

해결문제 P113 n개의 정수를 입력받아 리스트에 저장하고 저장된 정수가 a의 배수이면 a를 곱하여 다시 저장하고 그 결과를 출력

○ a = 2, 3, 5(중복허용)

실행 결과

```
데이터 수 : 4
정수0 : 2
정수1 : 3
정수2 : 6
정수3 : 10
d[0]=4
d[1]=9
d[2]=36
d[3]=100
```

적용 포인트	▣ n의 배수 판별 & 곱하기 n (배수 중복 허용)

적용예	for i in range(n) :
	    if d[i]%2 == 0 :
	    d[i] = d[i]*2
	    if d[i]%3 == 0 :
	    d[i] = d[i]*3
	    if d[i]%5 == 0 :
	    d[i] = d[i]*5

적용 이론

임의의 정수 n이 2의 배수이면 n에 2를 곱하고, 3의 배수이면 n에 3을 곱하고, 5의 배수이면 n에 5를 곱하여 그 결과를 저장하는 프로그램이다.

여기서 필요한 첫 번째 과정은 입력된 정수가 2의 배수, 3의 배수인지, 5의 배수인지 여부를 판단하는 것이다. 2의 배수인지 여부를 판단하는 코드는 if d[i]%2 == 0 : 과 같이 작성할 수 있다. 만일 이 판단이 참이면 d[i]에 2를 곱해주면 된다. 3의 배수 또는 5의 배수인지 판단하는 방법도 동일하게 적용할 수 있다.

두 번째 과정은 임의의 정수는 2의 배수일 수도 있고, 3의 배수일 수도 5의 배수일 수도 있다. 또한 이들 배수 관계는 중복적으로 적용이 가능하다. 예를 들면 10은 2의 배수이면서 5의 배수이다. 그러므로 10*2*5 = 100과 같이 중복적으로 적용된 결과를 리스트에 저장해야 된다. 배수가 중복 적용이 되는 경우에는 각 배수는 독립적으로 적용되는 것이므로 2, 3, 5의 배수에 대한 판단과 배수값 곱하기는 [적용예]에서와 같이 각각 if문으로 적용되어야 한다.

문제 해결

이 문제를 해결하기 위한 첫 번째 처리는 2의 배수이면 그 수에 2를 곱하는 것이다.
이 처리 과정은 다음과 같이 작성할 수 있다.

```
if d[i]%2 == 0 :          # 2의 배수인지 판단
    d[i] = d[i]*2          # 2의 배수이면 2를 곱한다.
```

이 과정은 3의 배수, 5의 배수에 대해서도 동일한 방법으로 적용하면 된다. 이때 각각의 배수인지에 대한 판단문은 상호 독립적이기 때문에 if문, if문, if문으로 연결해야 한다. 그렇게 해야 2의 배수이면서, 3의 배수이면서, 5의 배수인 수는 각각 2,3,5를 순차적으로 곱할 수 있게 된다.

소스 코드

```
 1: n = int(input('데이터 수 : '))
 2: d = [ ]
 3: for i in range(n) :
 4:     d.append(int(input('정수%d : '%i)))
 5: for i in range(n) :
 6:     if d[i]%2 == 0 :
 7:         d[i] = d[i]*2
 8:     if d[i]%3 == 0 :
 9:         d[i] = d[i]*3
10:     if d[i]%5 == 0 :
11:         d[i] = d[i]*5
12: for i in range(n):
13:     print('d[%d]=%d'%(i,d[i]))
```

1:   데이터 수 n을 입력받는다.

2:   데이터를 저장할 비어있는 리스트 d를 생성한다.

3~4: n개의 정수 데이터를 입력받아 리스트에 저장한다.

5~11: 입력된 정수값이 2의 배수이면 2를 곱하고, 3의 배수이면 3을 곱한다. 그리고 5의

배수이면 5를 곱한다.

12~13: 리스트에 저장되어 있는 처리된 결과를 화면상에 출력한다.

예제 P113-1	P115의 문제에 대해 각 배수에 대한 중복이 허용되지 않는 경우 ○ a는 2, 3, 5 (중복 불허, 순서대로 적용)

해결문제 P114	정수를 입력받아 이 수가 몇 자리수인지 판별하는 프로그램

실행 결과	정수 입력 : 123456789 => 9자리수

문제해결을 위한 논리적 사고

적용 포인트	■ 정수의 자리수 계산 알고리즘 ⇨ 10을 몇 번 나눌 수 있는가 판단

적용예	```
	for i in range(1,100) :
	    n = n // 10
	    if n == 0 :
	    break
	``

적용 이론

임의의 정수 n이 몇 자리수인지 판단하기 위해서는 10의 값을 몇 번 나눌 수 있느냐를 카운트하는 것이 필요하다.

몇 번을 나눌 수 있는지를 카운트하기 위해서는 반복문이 필요하고 이 반복문은 일단 무한루프가 되어야 한다. 여기에 필요한 무한루프는 while True: 구문을 사용하면 된다.

이때 for문을 사용하여 for a in range(1,100) : 같이 작성하면 카운트 변수를 별도로 사용하지 않아도 된다. 이 경우는 임의의 정수가 100자리 수 미만이라고 가정한 경우이다.

정수 n을 10으로 나눈 값을 다시 n에 저장하고(n = n // 10) 이때 n의 값이 0이 되면 이 과정을 중단하고 이때 반복문의 변수 a의 값이 정수 n의 자리수가 된다. 이와 같은 처리 과정을 정리하면 다음과 같다.(while True: 구문을 사용한 경우)

① 임의의 정수 n을 입력받는다.
② 카운트 변수 cnt를 0으로 초기화 한다.
③ cnt를 1증가 시킨다.
④ n을 10으로 나누어 그 몫을 다시 n에 저장한다.
⑤ n이 0인지를 판단한다.
⑥ n이 0이 아니면 ③~⑤의 과정을 계속 수행한다.
　 n이 0이면 이때의 cnt 값이 정수 n의 자리수가 된다.

for a in range(1,100) : 구문을 사용하면 다음과 처리가 가능하다.

① 임의의 정수 n을 입력받는다.
② n을 10으로 나누어 그 몫을 다시 n에 저장한다.
③ n이 0인지를 판단한다.
④ n이 0이 아니면 ③~⑤의 과정을 계속 수행한다.
　 n이 0이면 이때의 **for문의 변수값**이 정수 n의 자리수가 된다.

문제 해결

이 문제는 먼저 정수를 입력받고, 이어서 10으로 나누는 과정을 무수히 반복하기 위해 무한루프를 구성한다. 이때 무한루프는 앞의 적용 이론에서 설명한 바와 같이 for a in range(1,100) :을 사용하면 프로그램을 간단하게 구성할 수 있다.

이 무한루프에 소속된 명령어로서 정수 n을 10으로 나누어 다시 n에 저장하는 명령어는 n = n // 10과 같이 작성한다.

이어서 n이 0인지를 판단해야 하는데 이 과정은 if n == 0 : 와 같이 작성하면 된다. 이때 if문의 소속 문장은 이 조건식이 참인 경우 수행되므로 정수 n을 10으로 나누는 과정을 중단해야 한다. 이와 같이 반복문을 강제로 중단하는 기능은 break 구문을 사용하여 구현할 수 있다.

소스 코드

[무한루프 대신 for a in range(1,100) :을 사용한 경우]

```
1:  n = int(input('정수 입력 : '))
2:  for a in range(1,100) :
3:      n = n // 10
4:      if n == 0 :
5:          break
6:  print('=> %d 자리수'%a)
```

1: 임의의 정수 n을 입력받는다.

2: 무한루프를 사용하여 소속 문장을 무한 반복 수행한다.

3: n을 10으로 나누어 그 몫을 다시 n에 저장한다.

4~5: n이 영인지를 판단하여 0이라면 반복문의 실행을 중단한다.

6: 정수의 자리수를 출력한다.

[무한루프를 사용한 경우]

```
1:  n = int(input('정수 입력 : '))
2:  cnt = 0
3:  while True :
4:      cnt = cnt + 1
5:      n = n // 10
6:      if n == 0 :
7:          break
8:  print('=> %d 자리수'%cnt)
```

1: 임의의 정수 n을 입력받는다.

2: 카운트 변수 cnt를 0으로 초기화한다.

3: 무한루프를 사용하여 소속 문장을 무한 반복 수행한다.

4: 카운트 변수를 1증가 시킨다.

5: n을 10으로 나누어 그 몫을 다시 n에 저장한다.

6~7: n이 영인지를 판단하여 0이라면 반복문의 실행을 중단한다.

8: 정수의 자리수를 출력한다.

양의 정수 n을 입력받아 n!을 구하는 프로그램

**실행
결과**

| 양의 정수 입력 : 3
3!=6 | 양의 정수 입력 : 5
5!=120 |

문제해결을 위한 논리적 사고

**적용
포인트**

■ **팩토리얼(factorial)의 개념 구현**
⇨ [예] 4! = 1 x 2 x 3 x 4 = 24
■ **for문을 이용하여 순차적으로 곱셈 4번 수행**

적용예

```
fac = 1
for a in range(2,n+1) :          # n! 구하는 방법
    fac = fac * a
```

적용 이론

n 팩토리얼은 1부터 n까지 순차적으로 곱한 값을 정의한다. 예를 들면 5!은 1 x 2 x 3 x 4 x 5의 값 즉, 120을 의미한다.

임의의 정수 n을 입력받아 n!을 구하기 위해서는 1부터 n까지 순차적으로 곱하면 된다.

n 팩토리얼을 구하는 알고리즘은 다음과 같이 표현할 수 있다.

① 임의의 정수 n을 입력받는다.
② 결과 값을 저장하기 위한 변수 fac와 카운터 변수 a를 1로 초기화한다.
③ a를 1증가 시킨다.
④ fac에 a를 곱해서 그 결과를 다시 fac에 저장한다.
⑤ a가 n이 아니면 ③~④번 과정을 반복한다.
   a가 n이면 처리 과정을 중단한다.(이때 fac가 n!값임)

문제 해결

문제를 해결하기 위해 [적용 이론]에서 기술되었던 알고리즘을 코드로 작성한다.

①번 과정은 n = int(input('정수 입력 : ')) 과 같이 작성할 수 있다.

②번 과정은 fac = 1과 같이 작성할 수 있다.

③번 과정과 ②번 과정의 a를 1로 초기화하는 부분은 반복문 for문을 이용하여 for a in range(2,n+1) : 과 같이 작성하여 전체적으로 해결할 수 있다.

④번 과정은 fac = fac * a 과 같이 작성할 수 있다.

⑤번 과정도 ③번 과정에서 사용한 for문의 구성으로 해결할 수 있다.

소스 코드

```
1:  n = int(input('정수 입력 : '))
2:  fac = 1
3:  for a in range(2,n+1) :
4:      fac = fac * a
5:  print('%d ! = %d'%(n,fac))
```

1: 임의의 정수 n을 입력받는다.

2: 팩토리얼 값을 저장하는 변수인 fac를 1로 초기화 한다.

3: 2부터 n까지 소속 문장을 반복 수행한다.

4: for문의 소속 문장으로서 fac에 a를 곱하여 그 결과를 다시 fac에 저장한다.

   (a는 2 ~ n 까지 반복)

5: 팩토리얼 값을 출력한다.

해결문제 P116	연봉을 입력받아 종합근로소득세를 계산하는 프로그램					
과표 (만원)	1,200 이하	4,600 이하	8,800 이하	1.5억 이하	3억 이하	3억 초과
세율(%)	6	15	24	35	38	40

실행 결과	연봉 입력(만원) : 5600 종합소득세 : 822만원	연봉 입력(만원) : 9500 종합소득세 : 1835만원

문제해결을 위한 논리적 사고

적용 포인트	▣ 과표를 적용한 세금 계산 방법 ▣ 과표기준의 초과 금액에 대해 해당 세율을 적용 [예] 연봉 : 5,600 ⇨ 1200x0.06 + 3400x0.15 + 1000x0.24 = 822만원

적용예	if sal > 30000 :
	
	    tax = (sal-30000)*0.4 + 15000*0.38+6200*0.35
	
	    +4200*0.24+3400*0.15+1200*0.06

적용 이론

일반적으로 약속되어 있는 바와 같이 주어진 과표를 적용한 세금 계산 방법은 과표 기준을 초과한 금액에 대해서만 해당 세율을 적용하고 과표 기준 미만의 금액에 대해서는 이전의 세율을 적용하게 된다.

예를 들어 연봉이 2,200만원인 경우 최초의 과표 기준인 1,200만원을 1,000만원 초과한 경우이다. 이 경우 1,200만원은 "1,200만원 이하"의 세율인 6%를 적용하여 1,200x0.06과 같이 계산하여 세금을 책정하고, 초과된 1,000만원은 "4,600만원 이하"의 세율인 15%를 적용하여 1,000x0.15와 같이 계산하여 두 경우의 결과값을 합산하면 된다.

이 경우에는 1,200x0.06의 결과값인 72만원과 1,000x0.15의 결과값인 150만원을 합산하면 최종 세액은 225만원으로 결정되게 된다.

연봉 액수에 따른 과표 구간별 세액을 적용하기 위해서는 if문을 사용하여 각 구간별 세액을 분리하여 해당 세율을 적용하여 계산하고 계산 결과값을 모두 더하면 최종 세액을 구할 수 있다.

문제 해결

세율을 적용하는 구간은 총 6개의 구간으로서 기준이 되는 최고액은 30,000만원 이상인 경우이다. 이 경우 최종 세액은 "30,000만원 초과"의 경우는 초과된 금액에 적용 세율인 40%

를 적용하면 (연봉−30,000) x 0.4로 계산하면 되고 이 경우 나머지 구간의 금액은 모두 다음과 같이 특정한 금액으로 정해져서 계산이 된다.

예를 들어 모든 세율이 적용되는 연봉이 3.5억원인 경우는 다음과 같이 최종 세액이 결정된다.

① [1,200만원 이하]　　1,200 x 0.06 = **72만원**

② [4,600만원 이하]　　(4,600-1,200) x 0.15 = **3,400** x 0.15 = **510만원**

③ [8,800만원 이하]　　(8,800-4,600) x 0.24 = **4,200** x 0.24 = **1,008만원**

④ [15,000만원 이하]　　(15,000-8,800) x 0.35 = **6,200** x 0.35 = **2,170만원**

⑤ [30,000만원 이하]　　(30,000-15,000) x 0.38 = **15,000** x 0.38 = **5,700만원**

⑥ [30,000만원 초과]　　(35,000-30,000) x 0.4 = **5,000** x 0.4 = **2,000만원**

최종 세액 : **72만원** + **510만원** + **1,008만원** + **2,170만원**

　　　　　　+ **5,700만원** + **744만원** = **11,460만원**

위의 계산에서 나타난 특징으로 최종 구간 이전의 구간에 대한 세액은 72, 480, 1,008만원 등과 같이 항상 동일한 금액으로 적용됨을 알 수 있다.

여기서 ①의 경우에는 연봉x0.06으로 계산하면 된다.

추가적인 예로써 연봉이 7,700만원인 경우에는 다음과 같이 최종 세액이 결정된다.

① [1,200만원 이하]　　**1,200** x 0.06 = **72만원**

② [4,600만원 이하]　　(4,600-1,200) x 0.15 = **3,400** x 0.15 = **510만원**

③ [8,800만원 이하]　　(7,700-4,600) x 0.24 = 3,100 x 0.24 = 744만원

최종 세액 : **72만원** + **510만원** + **744만원** = **1,326만원**

여기서도 최종 세율 적용 구간인 "8,800만원 이하"인 구간 이전의 구간에서는 72만원, 480만원과 같이 이전의 계산과 같이 동일한 금액이 적용됨을 확인할 수 있다.

이와 같은 각 구간별 세율을 모든 금액에 대해 적용할 수 있도록 하기 위해서는 if문을 사용하여 [소스 코드-1]과 같이 구현이 가능하다.

```
1:  sal = int(input('연봉 입력(만원) : '))
2:  if sal>30000 :
3:     tax = (sal-30000)*0.4+15000*0.38+6200*0.35+4200*0.24+3400*0.15+1200*0.06
4:  elif sal>15000 :
5:     tax = (sal-15000)*0.38+6200*0.35+4200*0.24+3400*0.15+1200*0.06
6:  elif sal>8800 :
7:     tax = (sal-8800)*0.35+4200*0.24+3400*0.15+1200*0.06
8:  elif sal>4600 :
9:     tax = (sal-4600)*0.24+3400*0.15+1200*0.06
10: elif sal>1200 :
11:    tax = (sal-1200)*0.15+1200*0.06
12: else:
13:    tax = sal*0.06
14: print('종합소득세 : %.0f만원'%tax)
```

1:   연봉을 입력받는다.

2~3: 연봉이 "30000만원 초과"인 경우 각 세율을 적용한 세액 계산식을 적용한다.

4~11: 연봉이 "15,000만원 초과", "8,800만원 초과", "4,600만원 초과", "1,200만원 초과",
      인 경우 각각에 대한 세율을 적용한 세액 계산식을 적용한다.

12~13: 연봉이 "1,200만원 이하"인 경우에 대한 세율을 적용한 세액 계산식을 적용한다.

14: 계산된 종합소득세를 화면상에 출력한다.

소스 코드-2

```
1:  sal = int(input('연봉 입력(만원) : '))
2:  if sal>30000 :
3:     tax = (sal-30000)*0.4+5700+2170+1008+510+72
4:  elif sal>15000 :
5:     tax = (sal-15000)*0.38+2170+1008+510+72
```

```
6:  elif sal>8800 :
7:      tax = (sal-8800)*0.35+1008+510+72
8:  elif sal>4600 :
9:      tax = (sal-4600)*0.24+510+72
10: elif sal>1200 :
11:      tax = (sal-1200)*0.15+72
12: else:
13:      tax = sal*0.06
14: print('종합소득세 : %.0f만원'%tax)
```

1~14: [소스 코드-1] 코드에 대해 각 구간의 세율을 적용한 확정된 금액을 적용하였음.

주민등록번호 13자리를 입력받아 그 유효성을 판단하는 프로그램

실행
결과
> 주민번호 입력 : 9505161114833
> 3
> 유효한 주민등록번호입니다.

문제해결을 위한 논리적 사고

적용
포인트
> ■ 리스트를 이용한 for문 활용
>   ⇨ for i in a
>
> ```
> a=[5,4,3,2,9,8,7,6,5,4,3,2]
> for i in a:
> ```
>
> ■ 주민등록번호를 한 자리씩 분리하여 각각 리스트 데이터를 곱하기
> ■ 주민등록번호의 유용성 체크 원리

적용예
> ```
> a=[5,4,3,2,9,8,7,6,5,4,3,2]
> for i in a :
>     print('%d'%i)
> ```

적용 이론

주민등록번호가 유효한지 여부는 주민등록번호의 마지막 숫자 즉, 13번째 숫자로 체크한다. 그 방법은 2, 3, 4, 5, 6, 7, 8, 9, 2, 3, 4, 5를 주민등록번호의 각 숫자에 순차적으로 곱하여 모두 더한 값을 11로 나누어 나머지를 r이라 하면, 11-r이 주민등록번호의 13번째 숫자와 동일하다면 이 번호는 유효한 주민등록번호가 된다.

이와 같은 연산을 구현하기 위해서는 첫째 앞의 설명에서 표시된 2~5까지의 숫자 군을 순차적으로 불러올 수 있어야 한다. 이것은 리스트로 구현이 가능하다.
즉 a=[5,4,3,2,9,8,7,6,5,4,3,2]와 같이 리스트를 구성하여 반복문을 for i in a : 와 같이 적용하면 리스트의 각 데이터가 다음과 같이 적용된다.

> ① a=5인 경우에 대해 for문의 소속문장 적용
> ② a=4인 경우에 대해 for문의 소속문장 적용
> ③ a=3인 경우에 대해 for문의 소속문장 적용
>   ‧ ‧ ‧ ‧ ‧
> ⑪ a=3인 경우에 대해 for문의 소속문장 적용
> ⑫ a=2인 경우에 대해 for문의 소속문장 적용

여기서 리스트의 데이터의 순서는 유효성 체크 숫자의 역순으로 저장하였다. 이것은 주민등록번호를 구성하는 숫자를 분리하는 방법이 마지막 숫자부터 분리하는 것이 상대적으로 편리하고 이에 따라 주어진 숫자군을 역순으로 적용해야 하기 때문이다.

문제 해결

[문제 해결]을 위해 주민등록번호를 입력받아 변수 n에 저장하고, 주민등록번호의 각 숫자에 곱해질 상수들 즉, 2, 3, 4, 5, 6, 7, 8, 9, 2, 3, 4, 5를 역순으로 적용하기 위해 역순으로 리스트에 저장하면 a=[5,4,3,2,9,8,7,6,5,4,3,2] 과 같이 코딩할 수 있다.
이 수들을 주민등록번호에 곱해서 더해야 하므로 그 합의 결과를 저장할 변수를 초기화하기 위해 sum=0와 같이 설정한다.

주민등록번호를 한 숫자씩 분리하는 방법은 10으로 나누어서 나머지를 구하면 된다. 이것을 반복적으로 적용하면 모든 숫자를 하나씩 분리할 수 있다.

여기서 최초 분리된 숫자는 주민등록번호의 마지막 13번째 숫자로써 변수 k에 저장하면 k=sum인 경우가 유효한 주민등록번호가 되는 것이다.

이때 분리 순서는 주민등록번호의 역순으로 분리가 된다. 따라서 곱해지는 숫자도 역순으로 앞서 리스트 a에 미리 저장해 두었다. 주민등록번호 n을 분리한 수들과 리스트 a에 저장되어 있는 수들을 순차적으로 곱하여 합하는 코드는 다음과 같이 표현할 수 있다.

```
sum = 0
a=[5,4,3,2,9,8,7,6,5,4,3,2]
for i in a :
    n = n//10      # 최초로 분리된 숫자는 체크 넘버
    sum = sum + (n%10)*i
```

이렇게 합해진 값을 11로 나눈 나머지 값을 r이라 하면 11-r이 13번째 숫자인 k와 같으면 이 주민등록번호는 유효한 번호가 된다. 이것을 코딩하면 다음과 같다.

```
r = sum%11
if (11-r) = k :        # k는 주민등록번호 13번째 숫자
    print('유효한 주민등록번호')
else :
    print('잘못된 주민등록번호')
```

소스 코드

```
1: n=int(input('주민등록번호 입력 : '))
2: a=[5,4,3,2,9,8,7,6,5,4,3,2]
3: sum=0
4: k=n%10
5: for i in a:
6:     n = n // 10                  # 주민등록번호 분리
7:     sum = sum + (n%10)*i
8: r = sum%11
```

```
9:   if (11-r)==k :
10:      print('유효한 주민등록번호입니다.')
11: else:
12:      print('잘못된 주민등록번호입니다.')
```

1: 주민등록번호를 입력받아 변수 n에 저장한다.

2: 주민등록번호 각 숫자에 곱할 수들을 역순으로 리스트 a에 저장한다.

3: 누적 덧셈의 결과를 저장할 변수 sum을 0으로 초기화 한다.

4: 주민등록번호를 10으로 나누어 나머지를 변수 k에 저장한다.(체크넘버)

5~7: 주민등록번호의 각 숫자를 한 자리 숫자로 분리하여 리스트 a의 각 데이터와 차례로 곱하여 더한 결과를 sum에 저장한다.

8: sum을 11로 나누어 나머지를 r에 저장한다.

9: 11-r 값이 13번째 숫자인 k와 동일한지 여부를 판단한다.

10: 11-r 값이 k와 동일하면 "유효한 주민등록번호입니다"를 출력한다.

11~12: 동일하지 않으면 "잘못된 주민등록번호입니다"를 출력한다.

해결문제 P118	정수 n을 입력받아 n이하의 피보나치 수열을 구하여 리스트에 저장하고 출력하는 프로그램

실행 결과	정수 입력 : 30 1, 1, 2, 3, 5, 8, 13, 21,

문제해결을 위한 논리적 사고

적용 포인트	■ 피보나치 수열 : $a_1 = a_2 = 1$, $a_n + a_{n+1} = a_{n+2}$ ⇒ 첫 번째 항의 값과 두 번째 항의 값이 모두 1일 때, 이후의 항들은 이전의 두 항을 더한 값으로 이루어지는 수열 ■ 이전의 두 항목을 더하는 알고리즘

적용 이론

피보나치 수열(Fibonacci sequence)은 첫 번째 항의 값이 1이고 두 번째 항의 값도 1일 때, 이후의 항들은 이전의 두 항을 더한 값으로 이루어지는 수열이다. 이때 초기 2개의 항은 달리 지정할 수도 있다. 이것을 식으로 표시하면 다음과 같다.

$$a_1 = a_2 = 1$$
$$a_{n+2} = a_n + a_{n+1}$$

이 경우 앞의 두 항목을 더해서 새로운 항목을 생성하는 것을 반복 수행하여 각 항목을 기술해보면 1, 1, 2, 3, 5, 8, 13, 21....과 같이 기술할 수 있다.

피보나치 수열을 구현하기 위해서는 이전의 두 항목을 더해서 새로운 항목을 만드는 코드가 필요하고 이것은 다음과 같이 구현이 가능하다.

```
fi = [1,1]
for i in range(2,n):
    t=fi[i-1]+fi[i-2]      # 새로운 항목 생성
    fi.append(t)           # 생성된 항목을 리스트에 추가
```

문제 해결

[문제 해결]을 위해 먼저 정수 n을 입력받는다. 이어서 초기 2개의 항을 리스트 fi에 저장하는 코드는 fi = [1,1]과 같이 코딩한다.

다음부터는 새로운 항을 생성하여 리스트 fi에 순차적으로 저장해야 한다. 이때 새로운 항은 3번째 항으로서 fi[2]에 해당하므로 반복문을 적용하면 for i in range(2,n): 과 같이 표현할 수 있다.

반복적으로 이전 두 개의 항을 더해서 새로운 항을 생성하기 위해 t = fi[i-1] + fi[i-2] 와 같

이 수행하고 이렇게 생성된 항을 리스트 fi에 추가하기 위해서는 fi.append(t) 과 같이 작성하면 된다.

새롭게 생성된 항이 초기에 입력된 n보다 크면 반복 수행을 중단하면 된다. 이 과정은 if문을 사용하여 if t)n과 같이 적용하고 이것이 참이면 반복 수행을 중단하기 위해 break문을 수행한다.

소스 코드

```
1:  n=int(input('정수 입력 : '))
2:  fi=[1,1]
3:  for i in range(2,n):
4:      t=fi[i-1]+fi[i-2]
5:      if t>n:
6:          i=i-1
7:          break
8:      fi.append(t)
9:  for a in range(i+1):
10:     print('%d, '%fi[a],end='')
```

1: 정수를 입력받아 변수 n에 저장한다.

2: 초기 2개의 항을 리스트 fi에 모두 1로 저장한다.

3~8: 3번째 항부터 새로운 항들을 생성하여 리스트 fi에 저장한다. 새롭게 생성된 항인 t
     가 n보다 크면 반복 수행을 중단한다.

9~10: 생성된 피보나치 수열을 출력한다.

첫 번째, 두 번째 항과 정수 n을 입력받아 n이하의 피보나치 수열을
출력하는 프로그램

해결문제
P119

가위바위보 게임 프로그램

실행
결과

가위(0)-바위(1)-보(2) 입력 : 1
컴퓨터 : 2
졌습니다.!

문제해결을 위한 논리적 사고

적용
포인트

■ 가위(0), 바위(1), 보(2) 구현을 위해 0~2 사이의 임의의 정수 발생

⇨ random.randint(0,2)

■ 승리의 조건 : 컴퓨터 ⇨ com, 사용자 ⇨ me

⇨ (com==0 and me==1) or (com==1 and me==2) or (com==2 and me==0)

적용예

import random

com = random.randint(1,100)

적용 이론

T22. 난수(random number) 발생

파이썬에서 임의의 수 즉, 난수를 발생시키는 기능은 random 모듈에 정의되어 있는 함수들에 의해서 구현이 가능하다. 이 함수들을 사용하기 위해서는 import 구문을 이용하여 random 모듈을 불러와야 한다. 이것은 프로그램 시작 부분에 다음과 같이 선언하면 된다.

import random

이와 같이 선언하면 random 모듈에 소속되어 있는 난수 발생 함수들을 사용할 수 있고 여기서는 2가지 함수만 소개한다.

첫째 random() 함수로서 이것은 random.random()과 같이 사용하고 이 경우 0이상 1미만의 임의의 실수를 생성하게 된다.

둘째 randint() 함수로서 이것은 random.random(a,b)와 같이 사용하고 이 경우 a~b 사이의 임의의 정수를 생성하게 된다.

예를 들어 1~9까지의 임의의 정수를 생성하여 변수 com에 저장하는 코드는 다음과 같이 작성할 수 있다.

```
import random
com = random.randint(1,9)
```

문제 해결

이 문제를 해결하기 위해서는 먼저 가위, 바위, 보를 정의해야 한다. 일단 프로그램을 단순하게 구성한다면 가위는 1, 바위는 2, 보는 3으로 두고 코드를 작성할 수 있다.

게임 운영을 위해서는 컴퓨터가 가위, 바위, 보 중의 하나를 임의로 결정해야 하는데 이것은 random 모듈을 이용하여 com = random.randint(1,3)과 같이 작성하여 구현할 수 있다.

승자의 판단은 (com==1 and me==2) or (com==2 and me==3) or (com==3 and me==1) :과 같은 조건식을 이용하여 구현할 수 있고 이것을 if문에 적용하면 다음과 같이 작성할 수 있다.

```
if com==me :
    print('비겼습니다.!')
elif (com==1 and me==2 ) or (com==2 and me==3 )
     or (com==3 and me==1 ) :
    print('이겼습니다.!')
else:
    print('졌습니다.!')
```

여기서 if문의 조건식을 com==me로 구성한 이유는 3가지 조건 중 제일 간단하기 때문이다. elif문의 조건식은 승리할 수 있는 모든 경우의 수를 and와 or를 이용하여 나열하여 구성하였다.

소스 코드

```
1:   import random
2:   com=random.randint(1,3)
3:   me=int(input('가위(1)-바위(2)-보(3) 입력 : '))
4:   print('컴퓨터 : %d'%com)
5:   if com==me :
6:       print('비겼습니다.!')
7:   elif (com==1 and me==2 ) or (com==2 and me==3 ) or (com==3 and me==1 ) :
8:       print('이겼습니다.!')
9:   else:
10:      print('졌습니다.!')
```

1: 난수 발생 함수를 사용하기 위해 random 모듈 도입을 선언한다.

2: 1~3 사이의 임의의 정수를 발생하여 변수 com에 저장한다.

3: 가위, 바위, 보를 숫자로 입력하여 변수 me에 저장한다.

4: 컴퓨터가 생성한 가위(1), 바위(2), 보(3)를 출력한다.

5~10: com과 me를 비교하여 무승부, 승리, 패배를 결정하고 결과를 출력한다.

예제 P119-1	종료 결정 시까지 계속 반복 진행하는 가위바위보 게임 프로그램
	○ 무한루프 적용 ○ 다수 시행에 대한 승-무-패 표시

예제 P119-2	한글로 입력하는 가위바위보 게임 프로그램
	○ 무한루프 적용 ○ 다수 시행에 대한 승-무-패 표시

```
가위 바위 보 ? : 가위
컴퓨터 : 보, 나 : 가위
=>이겼습니다!
[1승 0무 0패]
계속하시겠습니까?(y/n) : y
가위 바위 보 ? : 보
컴퓨터 : 보, 나 : 보
=>비겼습니다!
[1승 1무 0패]
계속하시겠습니까?(y/n) : n
```

1~100 사이의 임의의 정수를 맞추는 게임

실행 결과

```
숫자 입력[1] : 50
=>더 작은수입니다.
숫자 입력[2] : 25
=>더 작은수입니다.
숫자 입력[3] : 12
=>더 작은수입니다.
숫자 입력[4] : 6
=>더 작은수입니다.
숫자 입력[5] : 3
=>더 작은수입니다.
숫자 입력[6] : 1
=>더 큰수입니다.
숫자 입력[7] : 2
빙고!~~
6번 시도에 성공
```

문제해결을 위한 논리적 사고

적용 포인트

▣ 1~100사이의 임의의 수 발생
　　➡ random.randint(1~100)

▣ 무한루프 ➡ whileTrue :

▣ 맞출 때 까지 반복해서 숫자 입력 방법

적용예

```
import random
com = random.randint(1,100)
```

적용 이론

이번 문제는 컴퓨터가 1~100 사이의 임의의 정수를 생성하면서 변수 com에 저장하면 컴퓨터 사용자가 질문을 통해 생성된 정수를 맞추는 게임이다. 사용자의 질문은 임의의 숫자(n)를 입력하는 것이고, 컴퓨터는 com이 n보다 크다 작다만 알려주는 방식이다. 이러한 질문을 통해 최종적으로 com 값을 맞추면 게임이 종료된다.

이 문제를 해결하기 위해 먼저 난수를 발생하는 방법을 알아야 한다. 난수의 발생 함수는 random 라이브러리에서 제공하고 있기 때문에 프로그램 초기에 import random을 설정해 두어야 한다. 이렇게 하면 정수인 난수 발생 함수인 randint()을 사용할 수 있다.

이 경우 1~100까지의 정수를 발생하여 변수 com에 저장하는 코드는 com = random. randint(1,100)과 같이 작성한다.

사용자의 질문은 임의의 숫자를 입력하는 것이고 컴퓨터가 답변을 해주기 위해서는 com과 n의 크기를 비교하는 과정이 필요하다. if문을 사용한 비교를 통해 "더 큰 수입니다." 또는 "더 작은 수입니다"를 출력하고, com과 n이 같으면 정답을 맞춘 것으로서 이 경우 게임은 종료된다.

문제 해결

게임 프로그램을 구성하기 위해 먼저 1~100 사이의 임의의 정수를 발생시켜 변수 com에 저장해야 한다. 이 과정은 [적용 이론]의 초반부에 기술되어 있다.

임의의 정수가 생성되고 나면 사용자 정수를 입력하여 변수 n에 저장하는 과정과 com과 n 을 비교하여 결과를 알려주는 과정이 필요하다. 이것은 판단문 if ~ elif ~ else를 사용하여 다음과 같이 작성한다.

```python
if com>n:
    print('=>더 큰수입니다.')
elif com<n:
    print('=>더 작은수입니다.')
else:
    print('빙고!~~')
    break
```

com과 n이 같을 경우 정답을 맞추었으므로 "빙고"를 출력하고 반복문 수행을 종료한다.

소스 코드

```python
1:  import random
2:  com=random.randint(1,100)
3:  for i in range(100):
4:      n=int(input('숫자 입력[%d] : '%(i+1)))
5:      if com>n:
```

```
6:            print('=>더 큰수입니다.')
7:        elif com<n:
8:            print('=>더 작은수입니다.')
9:        else:
10:            print('빙고!~~')
11:            break
12: print('%d번 시도에 성공!!'%(i+1))
```

1: 난수 발생 함수를 사용하기 위해 random 모듈 도입을 선언한다.

2: 1~100 사이의 임의의 정수를 발생하여 com에 저장한다.

3: 사실상의 무한루프를 사용하여 정답을 맞출 때까지 질문과 답변을 반복한다.

4: 정답을 맞추기 위한 임의의 정수를 입력한다.

5~8: com과 n을 비교하여 com이 더 크면 "더 큰수입니다."를 com이 더 작으면 "더 작은 수입니다."를 출력한다.

9~11: com과 n이 같으면 "빙고"를 출력하고 반복 수행을 중단한다.

12: 몇 번 시도에 성공했는지를 출력한다.

1~100 사이의 임의의 정수를 맞추에 점수를 부여하는 게임
○ 시도횟수 1⇒100점, 2⇒95점, 3⇒90점, 4⇒85점

```
숫자 입력[1] : 50
=>더 작은수입니다.
숫자 입력[2] : 25
=>더 작은수입니다.
숫자 입력[3] : 12
=>더 큰수입니다.
숫자 입력[4] : 18
=>더 큰수입니다.
숫자 입력[5] : 21
빙고!~~
5번 시도에 성공!!
점수 : 80점
```

코딩 입문자를 위한 문제해결 기반 파이썬 4.0

1판 1쇄 인쇄 2024년 02월 20일
1판 1쇄 발행 2024년 02월 28일
저   자 주재흠·원성현·오수환
발 행 인 이범만
발 행 처 **21세기사** (제406-2004-00015호)
경기도 파주시 산남로 72-16 (10882)
Tel. 031-942-7861   Fax. 031-942-7864
E-mail : 21cbook@naver.com
Home-page : www.21cbook.co.kr
ISBN 979-11-6833-099-3

정가 27,000원